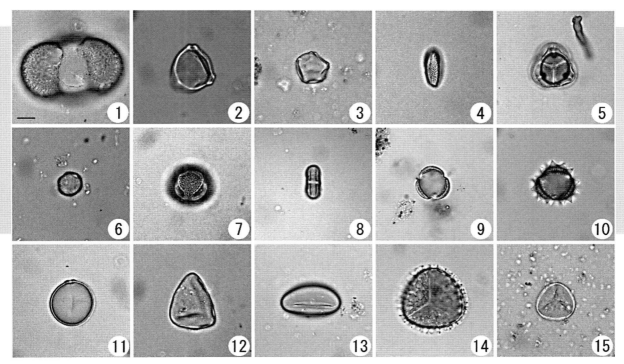

ADK13083002 コアから産出した化石花粉・胞子の光学顕微鏡写真（スケールは 10 μm）
（本誌野口ほか論文、第 3 図）
1：マツ属、2：カバノキ属、3：ハンノキ属、4：ヤナギ属、5：ガンコウラン属、
6：オウレン属、7：その他のキンポウゲ科、8：セリ科、9：ヨモギ属、10：その他のキク科、
11：イネ科、12：カヤツリグサ科、13：単条溝型シダ胞子、14：ヒカゲノカズ

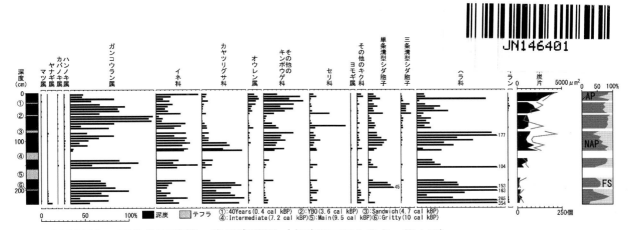

ADK13083002 コアの化石花粉・胞子変遷図（本誌野口ほか論文、第 4 図）

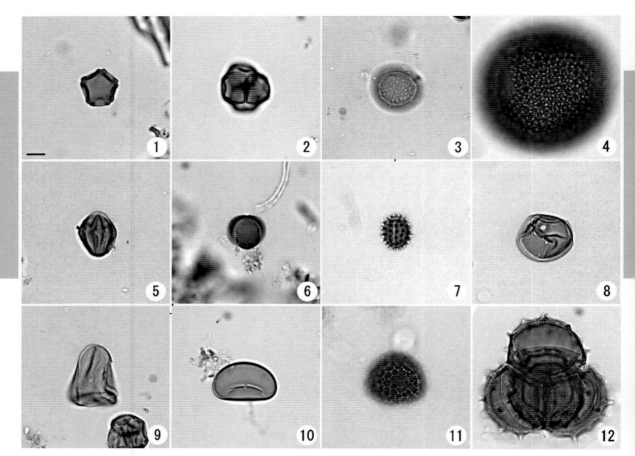

Iliuliuk16082103 コアから産出した化石花粉・胞子の光学顕微鏡写真
（スケールは 10 μm）（本誌野口ほか論文、第 5 図）
1：ハンノキ属、2：ガンコウラン属、3：オオバコ属、4：フウロソウ属、5：ワレモコウ属、
6：ヨモギ属、7：その他のキク科、8：イネ科、9：カヤツリグサ科、10：単条溝型シダ胞子、
11：ヒカゲノカズラ科、12：コケスギラン

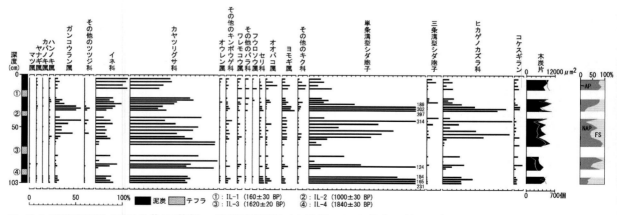

Iliuliuk16082103 コアの化石花粉・胞子変遷図（本誌野口ほか論文、第 6 図）

Frontispiece

痛標本箱①② アサクラアゲハ，アサクラコムラサキ，オトメムナビロコケムシ，ユメムナビロコケムシ専用標本箱（本誌保科論文）

痛標本箱③④⑤⑥⑦ ③サクラ専用標本箱 ④オキナワホソコバネカミキリ専用標本箱 ⑤ヒラタシデムシ専用標本箱 ⑥センチコガネ専用標本箱 ⑦まじかるひありん
（本誌保科論文）

静岡県富士山世界遺産センター　外観（撮影：平井広行）

静岡県富士山世界遺産センター常設展示1　登拝する山

環境考古学と富士山 2号

目 次

特集「環境史の視点で切り拓く地平」

＜視点１：地形・景観・災害と人間＞

海岸地形と津波：南伊豆町入間の地形に関する考察 …………… 菅原 大助 *3*

三保の松原の景観変化に関する自然地理学的研究 … 山田 和芳 *13*

＜視点２：人類の歴史とその探究＞

縄文時代人の食性と移動の解析のための
　Sr 混合モデルの検討 ………………………… 日下 宗一郎・申　基澈 *23*

アリューシャン列島の古植生変遷および
　アリュート族拡散に関する研究
　……………………… 野口　真・藤木 利之・奥野　充・ガルティエリ, リン・
　ハットフィールド, バージニア・ブルナー, ケイル・サラータ, ブレン・
　　鳥居 真之・和田 恵治・中村 俊夫・ウエスト, ディキシ *31*

＜視点３：生物多様性と文化＞

外来生物は「悪」ではなくて「害」である ……………… 岸本 年郎 *39*

明治百五拾年．アキバ系文化蝶類学 ……………… 保科 英人 *46*

スギ属・ヒノキ属空中花粉の24時間観測の動態と
　その気象要因 ……………… 木村 裕子・衣笠　魁・藤木 利之 *74*

都良香「富士山記」について ……………………… 田代 一葉 *79*

Environmental Archaeology and Mt.Fuji Vol.2

CONTENTS

Special Issue: New perspecive from natural and environmental history

< Perspective1: Human and landscape, disaster >

Coastal geomorphology and tsunamis: a preliminary examination of the case of Iruma, Minami-Izu, Shizuoka ·········· DAISUKE SUGAWARA 3

Geographical study on landscape changes in Miho no Matsubara (Miho Pine Grove), central Shizuoka, Japan ·········· KAZUYOSHI YAMADA 13

< Perspective2: Human history >

Evaluation of strontium isotope mixing model to reconstruct diet and migration of Jomon populations ·········· SOICHIRO KUSAKA, KI-CHEOL SHIN 23

A study of paleovegetational changes and settlements of the Aleut people in the Aleutian Islands, Alaska
·········· MAKOTO NOGUCHI, TOSHIYUKI FUJIKI, MITSURU OKUNO, LYN GUALTIERI,
VIRGINIA HATFIELD, KALE BRUNER, BRENN SARATA, MASAYUKI TORII,
KEIJI WADA, TOSHIO NAKAMURA, DIXIE WEST 31

< Perspective3: Biodiversity and culture >

Invasive alien species is not evil but harm ·········· TOSHIO KISHIMOTO 39

Japanese Subcultural Lepidopterology, in the 150th Anniversary of Meiji Restoration ·········· HIDETO HOSHINA 46

An analysis of 24-hour observations of *Cryptomeria* and *Chamaecyparis* airborne pollen and associated weather factors
·········· HIROKO KIMURA, KAI KINUGASA, TOSHIYUKI FUJIKI 74

On the *Fujisan no Ki* by Miyako no Yoshika ·········· KAZUHA TASHIRO 79

特集：環境史の視点で切り拓く地平＜視点１：地形・景観・災害と人間＞

海岸地形と津波：
南伊豆町入間の地形に関する考察

Coastal geomorphology and tsunamis:
a preliminary examination of the case of Iruma, Minami-Izu, Shizuoka

菅原　大助　ふじのくに地球環境史ミュージアム学芸課
DAISUKE SUGAWARA

要旨

南伊豆町入間の海岸には高さ15 mに達する砂山が形成されている。歴史・地質記録に関する既往の調査では、この地形の成り立ちと1854年安政東海地震の津波との関連が示唆されている。津波遡上・土砂移動の数値解析で検討したところ、入間での津波高と地形変化は安政東海地震では説明できず、南海トラフ巨大地震クラスの規模が必要であることが判明した。地震と連動した海底活断層の活動や海底地すべりなど、津波増幅の別の可能性を検討する必要があるかもしれない。

キーワード

津波　地形変化　安政東海地震

1. はじめに

　津波は海岸環境における主要な営力の一つで、土砂の侵食、運搬、堆積と地形の変化を引き起こす。1498年明応東海地震による浜名湖今切口の形成は特に著名な歴史上の事例で、地震と津波の影響で砂州が切断されたことが絵図により伝えられている。この地震と津波をきっかけに、浜名湖の環境は淡水湖から汽水湖に変化した。2011年東北地方太平洋沖地震では、東北沿岸の各所で巨大津波による大規模な地形変化が起こった。例えば、宮城県石巻市の新北上川では、地震による地盤沈下と津波による侵食で、河口部の陸地が海岸から奥行3 kmに渡って水没した（今井ほか, 2015）。また、岩手県陸前高田市の高田松原でも、津波による侵食で砂浜がほぼ完全に消失している（有働ほか, 2015）。宮城県の仙台平野沿岸部では、河道や防潮堤の破堤部で浜堤が切断され、大規模な湾入地形が形成された（有働ほか, 2013）。これらの例では、地形変化は砂浜の消失（大規模な侵食）という形で現れているが、状況によっては逆に大量の土砂の堆積で地形が変わる場合も考えられる。

　南海トラフに面する地域では、モーメントマグニチュード（Mw）9クラスの巨大地震発生の恐れが指摘されているが、これまでのところ、歴史記録はもとより、地層記録（津波堆積物）にも、その証拠は見出されていない（Kitamura, 2016）。地形変化は巨大津波の痕跡として長期間残される可能性があり、過去の地震・津波の実態を解明するための重要な手がかりとなりうる。本稿では、南伊豆町入間における特異的な海岸地形と津波との関連について、既往研究および新たに行った数値解析に基づいて考察する。

2. 南伊豆町入間の海岸地形

　南伊豆町入間（第1図）は、伊豆半島の南端石廊崎の西方に位置する幅1.5 km、奥行1.1 kmの三角形の湾ある。この地域には後期中新世〜鮮新世の火山岩や凝灰岩等の堆積岩が分布し、岩礁海岸を形成

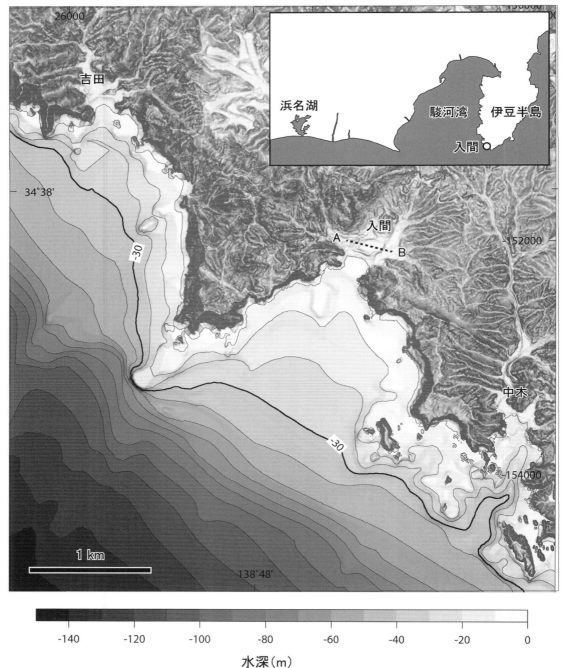

第1図　入間の位置と地形。基盤地図情報数値標高モデル（5mメッシュ）を使用

している（地質調査総合センター，2018）。また、西北西―東南東の走向を持つ石廊崎断層（1974年伊豆半島沖地震）が入間の湾奥部を横切っている（地震調査研究推進本部，2018）。湾奥は幅200mの砂浜となっており、火山岩の風化により生成したと考えられる、有色鉱物を多く含む珪長質の中粒～粗粒砂が堆積している。砂浜の背後は標高の高い台地状の地形となっており、比較的比較的平坦なため、集

落として利用されている。この集落部分は周辺地形から独立したドーム状の地形で、頂部の標高は15 m 以上あり、周辺の谷と比べ際立って高い。このことから、このドーム状地形は火山岩・堆積岩で構成される山地が開析されて形成された谷地形の一部ではなく、何らかの堆積物による地形であることが推察できる。

3. 既往の調査・研究

　入間は、安政東海地震の津波で被害を受けており、その様相は当地の旧家である外岡家に伝わる「加美家沿革誌」(萩原, 1958) に記されている。津波の際、当時の外岡家当主が木の枝に頭髪を残して行方不明になったとの記述に基づき、津波痕跡高として 13.2～16.5 m が推定されている (第2図、静岡県地震対策課, 1986)。安政東海地震において、駿河湾西岸から伊豆半島東岸にかけての津波痕跡高は 2～7 m の範囲にあるため、入間での痕跡高が際立って高いことが分かる。また、津波の影響で現在集落の立地する場所が起伏の激しい地形となったことが、「加美家沿革誌」および聞き取りによって明らかにされている (浅井ほか, 1999)。

　入間のドーム状地形については、安政東海地震の津波との関連の観点から、文献調査、地層調査および津波数値計算による成因の検討が行われてきた (浅井ほか, 1999、Sugawara et. al., 2005、藤原ほか, 2008・2009)。浅井ほか (1999) は、「加美家沿革誌」および聞き取りによる情報を検討し、ドーム状地形のうち標高 11.2 m よりも高い部分は安政東海地震の津波によって堆積したものであること、また、堆積物の層厚として 4～8 m、体積として 70万 m³ を推定している。この推定は、安政東海地震以前、外岡家からドーム状地形の反対側にある畑を見通すことが出来た、との証言に基づいている。現在、外岡氏宅の地盤高は約 11 m、畑のある地点の標高は約 6 m である (第3図)。簡易的な掘削調査によれば、ドーム状地形の上部 1.5 m は貝殻片混じりの海砂からなり、地表から 0.8 m ほどまでは木炭や瓦の破片等の人工物を含む (Sugawara et. al., 2005)。「加美家沿革誌」には、大正時代に宅地の造成工事が行われ地形を改変したことが記されており、人工物はこのことに対応すると考えられている。

　その後行われたボーリング調査では、ドーム状地形の基部に達する柱状試料が採取され、地層の形成年代とその堆積過程が検討されている (藤原ほか, 2008・2009)。これによると、ドーム状地形の基部の標高 0 m 付近は前浜堆積物で、その上部にある厚さ約 14 m の塊状の粗粒～極粗粒砂層中には層厚 1 m 程度の砂礫層が 5 枚確認されている。砂礫層に含まれる貝殻の年代測定の結果から、この地形は 1000 年以上かけて形成されたこと、最上部 (標高 12 m 付近) の砂礫層の年代は安政東海地震に対応する可能性があることが示されている。塊状の砂層には陸生の貝殻が含まれ、砂の粒度や組成が海浜の堆積物と類似することから、この砂層は主に風成砂によるものであるとしている。砂礫層は風で運ばれない大きさの粒子を含むとともに級化構造などの堆積構造を示し、また、海生貝類の殻を含むことから、海岸から運搬されたものであることを指摘している。その原因としては高潮や津波の可能性が考えられるが、標高 12 m の高所に層厚 1 m の砂礫を打ち上げることが出来るかどうか、水理学的な検討はなされていない。

　安政東海地震に対しては、津波伝播・遡上の数値解析により痕跡高を説明する断層モデルが推定されている。石橋 (1976) による断層モデルでは、駿河湾内と遠州灘にそれぞれ 1 枚の逆断層を想定することで、沿岸各地の津波の痕跡高と地震による地殻変動を説明している。浅井ほか (1999) は、石橋 (1976) の断層モデルを用いて入間での津波伝播・遡上と地形変化の数値解析を行った。津波伝播解析では、伊豆半島沿岸での計算値が痕跡高に対してばらつき、過小評価となること、入間での計算津波高が低く痕跡高を説明できないことが述べられている。駿河湾内の断層の走向 θ を北北東—南南西方向 (θ =198°) から南北方向 (θ =180°) に修正すると、駿河湾周辺で痕跡高と計算津波高の良

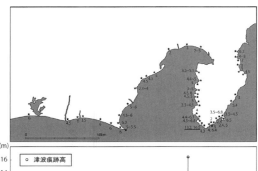

第2図　静岡県内における1854年安政東海地震の津波痕跡高（静岡県地震対策課（1986）を改変引用）

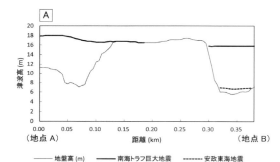

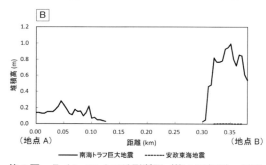

第3図　ラインAB上の地形断面（第1図参照）、計算津波高および堆積高（第5図および第7図参照）

い一致が得られ、入間での痕跡高も説明できることが示されているが、駿河湾内のプレート境界逆断層の走向は、トラフの形状からみると石橋（1976）の断層モデルの通り $\theta = 198°$ と設定するのが妥当であると考えられる。浅井ほか（1999）の計算では空間解像度が最小で150mと粗く、また線形理論による解析であることから、複雑な海岸地形となっている伊豆半島沿岸での痕跡高の再現は難しかった可能性がある。地形変化の数値解析では、駿河湾内の断層の走向を修正して得た津波波形を用いた計算により、入間での土砂堆積量の推定値70万㎥に対して20万㎥の計算値を得ている。しかし、比較の前提となる安政東海地震以前の地形、および計算結果に影響する土砂移動解析のパラメータ（浮遊砂の最大濃度＝飽和浮遊砂濃度）に不確実性があるため、土砂堆積量の計算値と推定値の詳細な比較はなされていない。

文献調査からは、安政東海地震の津波は入間で高く、これによってドーム状地形の少なくとも一部に堆積が生じたことが明らかである（浅井ほか，1999）。また、地層調査の結果は、ドーム状地形の堆積物の少なくとも一部（砂礫層）は風の作用によるものではなく、海岸から運ばれてきたものであること、最上部の堆積物の年代は安政東海地震との関連を示している（藤原ほか，2008・2009）。しかし、既往の安政東海地震の断層モデルで入間での津波高と地形変化を説明できるかどうかについては、十分に明らかになっていない。浅井ほか（1999）の検討結果を考慮すると、津波波源に対して何らかの見直しが必要となる可能性が考えられる。

4. 津波遡上・土砂移動解析による検討

近年、航空レーザー測量による沿岸域の詳細な陸上地形データ（国土地理院基盤地図情報数値標高モデル）が整備されつつある。これを元にした津波被害想定用のデータを用いることで、沿岸域の津波の遡上・浸水過程は従来よりも詳細に再現できるようになってきている。内閣府による南海トラフ巨大地震モデル検討会の津波被害想定に用いられたデータの最小空間解像度は10mで、入間湾のように小規模の湾入地形においても、津波遡上・氾濫の詳細な解析が可能になっている。津波土砂移動の解析手法も、最近の津波を事例としてモデルの改良と検証が進められ、解析条件が適切に設定された場合、実現象を概ね再現できることが示されてきている（Sugawara et. al., 2014）。上記の飽和浮遊砂濃度の不確実性についても検討が行われ、固定的なパラ

メータではなく流況に応じて変動する係数として取り扱う方法が提案され、実例への適用で良好な結果を得ている（今井ほか，2015、Yamashita et. al., 2016）。

本稿では、入間における津波とドーム状地形の形成の予察的な検討として、石橋（1976）による安政東海地震の断層モデルおよび南海トラフ巨大地震（Case1）による津波氾濫土砂移動解析を行った。南海トラフ巨大地震モデル検討会のデータ（空間解像度dx=810 m, 270 m, 90 m, 30 m, 10 m）に加え、国土地理院の基盤地図情報数値標高モデルを用いて入間の陸上地形をdx=3.3 mで再現した。ただし、古地形は不明であるため、解析は現況地形を用いて行った。ドーム状地形を構成する堆積物は主に海砂であること、砂礫層が海域から運ばれてきたことを考慮し、土砂供給源は海底の全域と仮定し、粒径は0.267 mmに設定した。なお、陸上は土砂供給源として設定しないため、侵食による地盤高の低下は生じない。

計算には、2次元津波伝播・氾濫および土砂移動解析コードTUNAMI-STM（Yamashita et. al., 2016）を用いた。これは、非線形長波理論を有限差分法で近似した解析コードTUNAMI-N2（Goto et. al., 1997）と、掃流砂・浮遊砂の交換を考慮した土砂移動解析コードSTM（高橋ほか，1999）を連成し、流砂量式や飽和浮遊砂濃度の設定方法に修正を加えたものである。TUNAMI-STMは2011年東北地方太平洋沖地震津波による宮城県石巻市の新北上川河口部（今井ほか，2015）および岩手県陸前高田市の高田松原（Yamashita et. al., 2016）で生じた地形変化の再現計算に用いられ、実現象を概ね再現できることが示されている。計算の再現時間は地震発生から2時間とし、津波高（最高水位）や地形変化量（侵食・堆積）、および水位等の時系列を出力した。

5. 安政東海地震の場合

石橋（1976）の断層モデルを用いて計算した静岡県沿岸全域（dx=270 m）での津波の高さを第4図に示す。伊豆半島西岸で2〜6 m程度、対岸の静岡市周辺でも計算津波高は3 m程度となっており、痕跡高（第2図、静岡県地震対策課，1986）と概ね整合している。下田や御前崎の周辺では海底地形の効果により津波の屈折が起こり、津波高が大きくなっているが、入間周辺ではそのような増大は認められない。入間湾周辺の詳細な解析（dx=3.3 m）でも、津波高は5〜6 mにとどまっている（第5図A）。浸水範囲は標高の低い砂浜周辺に限られ、ドーム状地形への浸水は生じない。安政東海地震以前のドーム状地形の標高が現在よりも低く、11〜12 m程度であったと推定されている（浅井ほか，1999、藤原ほか，2009）こ

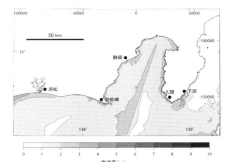

第4図 石橋（1976）の断層モデルに基づいて計算した、静岡県沿岸における安政東海地震津波の高さ

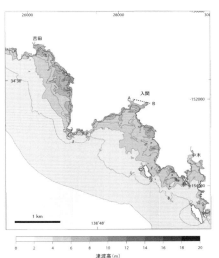

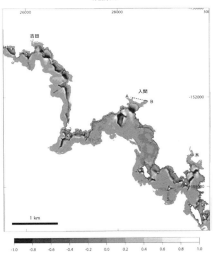

第5図 石橋（1976）の断層モデルに基づいて計算した、南伊豆町入間の周辺における安政東海地震津波の高さ（A）および地形変化量（B）

とを考慮しても、計算結果には大きな違いは生じないと考えられる。土砂移動解析の結果は、湾奥部ので侵食が起こり、海岸線付近に 0〜0.3 m 程度の堆積が生じることを示している（第5図B）。外岡氏宅と畑を結ぶラインでは、畑が僅かに浸水するだけであり、土砂の堆積はほとんど生じていない（第3図）。ドーム状地形にみられる砂礫層が海岸由来の砂や貝殻を含むことと整合しているが、仮にドーム状地形の標高の違いを無視したとしても、砂礫層の 1 m 程度の層厚を説明できる土砂の堆積量ではない。

6. 南海トラフ巨大地震の場合

　南海トラフ巨大地震（Case1）の場合、津波高は伊豆半島南部で 10 m 以上、静岡市周辺で 5 m 以上に達する（第6図）。海底地形による津波の屈折の効果で、下田や御前崎周辺では津波高が特に大きくなっている。詳細地形による解析結果では、入間の湾奥での津波高は 15 m 以上で、ドーム状地形の大半が浸水する結果となった（第7図A）。安政東海地震以前の地盤高を考慮すると、浸水深は 3〜4 m となり、大規模な地形変化を起こすのに十分な土砂が運搬・堆積する可能性がある。実際に、土砂移動計算の結果は入間の湾奥部の海底で大規模な侵食が起こり、陸域で 1 m に達する堆積が生じることを示している（第7図B）。なお本稿では、安政東海地震以前の地形を考慮していないため、土砂はドーム状地形の上ではなく、周辺の谷地形を埋めるように堆積している。外岡氏宅と畑を結ぶラインでは、津波高はドーム状地形の高さとほぼ同程度であるが、両側の標高の低い場所では 0.2〜1.0 m の堆積が生じている（第3図）。

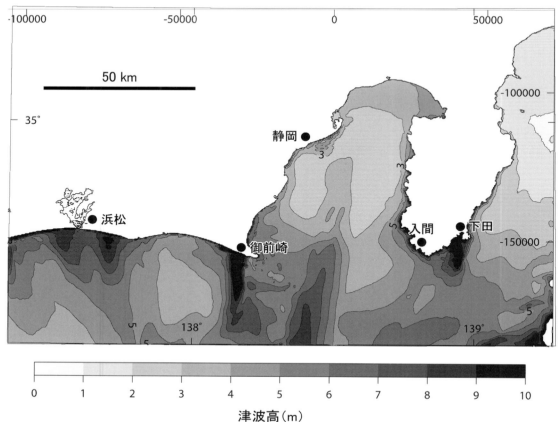

第6図　南海トラフ巨大地震（Case1）の波源モデルに基づいて計算した、静岡県沿岸における津波の高さ

湾奥の海岸線上における安政東海地震と南海トラフ巨大地震による水位の時系列を比較すると（第8図）、安政東海地震による津波は周期2分、高さは最大でも6mであるのに対し、南海トラフ巨大地震の津波は周期約4分、高さは最大16mとなっている。また、南海トラフ巨大地震では高さ10m以上の波が5回繰り返すのに対し、安政東海地震では、6mかそれ以下の波が2回繰り返すだけである。このことは、入間において、海底の砂を陸方向に移動させ、1m以上の厚さで堆積させるには、安政東海地震よりも大幅に長い周期と高さを持つ津波が繰り返し遡上することが必要であることを示していると考えられる。

7. おわりに

既往の地層調査では、入間に存在するドーム状の地形は貝殻を含む海岸の砂からなり（Sugawara et. al., 2005）、津波を起源とする可能性のある砂

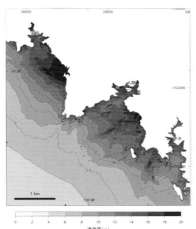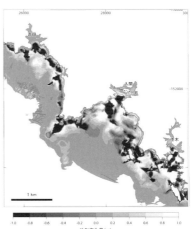

第7図　南海トラフ巨大地震（Case1）の波源モデルに基づいて計算した、南伊豆町入間の周辺における津波の高さ（A）および地形変化量（B）。

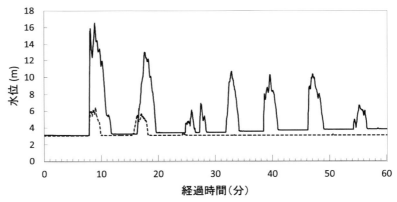

第8図　入間の海岸線上における、安政東海地震および南海トラフ巨大地震による津波の水位時系列

礫層を含むことが明らかにされた（藤原ほか, 2008・2009）。一方、文献調査からは、安政東海地震による入間での津波痕跡高は他地域と比べ3倍程度高いこと（13.2～16.5m、静岡県地震対策課, 1986）、この津波によりドーム状地形に変化が生じたことが知られている（浅井ほか, 1999）。ところが、津波遡上・土砂移動の数値解析で検討したとおり、安政東海地震の既往モデル（石橋, 1976）では入間での地形変化を説明できない。これを海溝型地震で説明しようとすると、南海トラフ巨大地震相当の規模が必要となるが、この場合、入間での地形変化は説明できても、他の沿岸地域では安政東海地震・津波の実態と大きく異なってしまう。したがって、入間での痕跡高と地形変化と安政東海地震の実態を整合させるためには、局所的な津波の増大を引き起こす別の要因を考慮する必要がある。

局所的に大きい津波を発生させる原因の一つとして海底地すべりが考えられるが、これまでのところ、伊豆半島南部の周辺海域において、大規模な地滑り地形は知られていない。他の可能性としては、安政東海地震と活断層の活動の連動が考えられる。伊豆半島周辺では、石廊崎断層による1974年の伊豆半島沖地震や、稲取断層帯による1978年の伊豆大島近海地震のように活断層による地震が発生している。これらの例は陸上あるいは極近海の地震であるため、波源域の水深は高々500mで、

顕著な津波は生じていない。一方、海底地形の判読や音波探査記録の解析からは、伊豆半島南方の海底にもいくつかの活断層が分布していることが知られている（例えば米倉, 1984）。入間を含む伊豆半島南部に影響を与える可能性がある断層の一つとしては、伊豆海脚東縁断層（金ほか, 2012）が挙げられる。伊豆海脚東縁は西傾斜の逆断層であり、この断層運動に伴って伊豆海脚は傾動を受けていると考えられている。伊豆海脚東縁断層周辺の水深は1300〜3300 mであり、断層運動による海底地殻変動が生じた場合、顕著な津波を発生させる可能性は高い。これが駿河トラフの海溝型地震による津波と重畳すれば、局所的には南海トラフ巨大地震の津波に匹敵する規模に達することも考えられる。

伊豆海脚東縁断層を波源とする津波の入間湾における周期や高さと地形変化の関係については、今後、詳しく検討する必要がある。しかし、安政東海地震と伊豆海脚東縁断層、あるいは他の海底活断層との連動の証拠はもとより、これらの海底活断層の活動履歴は知られていない。駿河トラフでの海溝型地震とフィリピン海プレート上の活断層の地震の関連を明らかにするためには、海底地形や音波探査記録のより詳細な解析や、海底の地層調査が必要である。

参考文献および註

浅井大輔・今村文彦・高橋智幸・首藤伸夫　1999『地震津波による大量土砂移動の可能性―安政東海地震津波における伊豆半島入間での場合―』津波工学研究報告16、119-130頁。

藤原　治・平川一臣・阿部恒平・入月俊明　2008「伊豆半島南端の入間に分布する津波堆積物の掘削調査」『津波工学研究報告』25、145-153頁。

藤原　治・平川一臣・阿部恒平・入月俊明　2009「伊豆半島南端の入間に伝承された1854年安政東海地震による津波堆積物の掘削調査」『歴史地震』24、1-6頁。

Goto, C., Ogawa, Y., Shuto, N., Imamura, F., 1997, IUGG/IOC Time Project, Numerical method of tsunami simulation with the Leap-Frog scheme. IOC Manuals and Guides, UNESCO, Paris, 130 p.

萩原直七　1958『加美家沿革誌（私家版）』132頁。

今井健太郎・菅原大助・高橋智幸・岩間俊二・田中　仁　2015「2011年東北津波における北上川河口部の大規模洗掘・堆積に関する数値的検討」『土木学会論文集B2（海岸工学）』71、I_247-I_252。

石橋克彦　1976「東海地方に予想される大地震の再検討―駿河湾大地震について―」『地震学会講演予稿集』2、30-34頁。

Kitamura, A. 2016, Examination of the largest-possible tsunamis (Level 2) generated along the Nankai and Suruga troughs during the past 4000 years based on studies of tsunami deposits from the 2011 Tohoku-oki tsunami. *Progress in Earth and Planetary Science* 3:12, DOI 10.1186/s40645-016-0092-7

金　幸隆・吉田明夫・小林昭夫　2012「伊豆東方線沿いの活断層帯」『神奈川県温泉地学研究所報告』44、9-16頁。

静岡県地震対策課　1986『安政東海地震津波被害調査報告書―特に伊豆半島東海岸について―』地震対策資料No.38-1986。

Sugawara, D., Minoura, K., Imamura, F., Takahashi, T. and Shuto, N. (2005), A Huge Sand Dome Formed by the 1854 Earthquake Tsunami in Suruga Bay, Central Japan. *ISET Journal of Earthquake Technology* 42 (4), 147-158.

Sugawara, D., Goto, K., Jaffe, B.E. 2014, Numerical models of tsunami sediment transport – Current understanding and future directions. *Marine. Geology* 352, 295-320.

高橋智幸・首藤伸夫・今村文彦・浅井大輔　1999「掃流砂層・浮遊砂層の交換砂量を考慮した津波移動床モデルの開発」『海岸工学論文集』46、606-610頁。

地質調査総合センター（https://gbank.gsj.jp/geonavi/）、2018年2月3日閲覧。

地震調査研究推進本部（http://www.jishin.go.jp/main/yosokuchizu/katsudanso/reg_kanto_20_irozaki.htm）、2018年2月3日閲覧。

有働恵子・武田百合子・田中　仁・真野　明　2015「津波による地形変化に及ぼす人工リーフの効果に関する研究」『土木学会論文集 B3（海洋開発）』71、I_653 - I_658。

有働恵子・田中　仁・真野　明・武田百合子　2013「東北地方太平洋沖地震津波による宮城県仙台湾南部海岸の海浜変形特性」『土木学会論文集 B2（海岸工学）』69、I_1391 - I_1395。

Yamashita, K., Sugawara, D., Takahashi, T., Imamura, F., Saito, Y., Imato, Y., Kai, T., Uehara, H., Kato, T., Nakata, K., Saka, R. and Nishikawa, A. 2016, Numerical simulations of large-scale sediment transport caused by the 2011 Tohoku Earthquake Tsunami in Hirota Bay, southern Sanriku Coast. *Coastal Engineering Journal* 58, 1640015 (28 pages).

米倉伸之　1984「駿河トラフ・相模トラフ周辺の変動地形」『第四紀研究』23、83 - 90 頁。

Coastal geomorphology and tsunamis: a preliminary examination of the case of Iruma, Minami-Izu, Shizuoka

Daisuke Sugawara

A huge sand dome with 15 m high has been formed on the coast of Iruma, Minami-Izu Town, Shizuoka Prefecture. Previous studies on historical and geological records of the 1854 Ansei-Tokai Earthquake (Mw 8.4) suggest possible relevance between the unusual sediment deposition and morphological change on the sand dome and the tsunami run-up. Results of the numerical modeling of tsunami inundation and sediment transport clarified that the existing rupture model of the 1854 earthquake failed to explain the tsunami height and morphological change at Iruma. The modeling demonstrated that an extremely large-scale tsunami, due to such as the Mw 9.1 Nankai-Trough Earthquake, is needed to deposit sediments on the sand dome. To give a successful explanation for the unusual coastal geomorphology of Iruma, further investigations on the mechanism of tsunami amplification, such as activity of nearshore active faults or submarine landslides, is required.

特集：環境史の視点で切り拓く地平＜視点1：地形・景観・災害と人間＞

三保の松原の景観変化に関する自然地理学的研究

Geographical study on landscape changes in Miho no Matsubara (Miho Pine Grove), central Shizuoka, Japan

山田　和芳　ふじのくに地球環境史ミュージアム・教授
KAZUYOSHI YAMADA

要　旨
本論は、名勝"三保の松原"の景観の保全や活用において、これからのあり方を考える一材料を提示する。三保の松原を中心とした文化的景観が歴史的にどのようにつくられ、利用されてきたのかという問いに対して、地形図及び空中写真判読、現地環境史調査の結果を基にして、地形形成における自然作用及び人的インパクトの両側面から検討した。三保の松原の文化的景観は時代によって、それらの背景やニーズに基づきながらも変化したものの、不可逆的な文化的景観にならないよう現代まで連綿と保全してきた歴史をうかがうことができる。

キーワード
景観　三保の松原　自然地理　地形判読　人間活動

1. はじめに―今、三保の松原で何がおきているのか―

　外洋と潟湖を隔てる砂州や砂嘴地形は、陸と海のはざ間の空間において独特な景観を作り出し、出雲地域の国引き神話や、駿河地域の羽衣伝説など神話伝承の舞台となってきた。これら日本の特徴的な景観の多くは、風光明媚な景勝地となり、現在では、積極的な保全対象となっている。その一方で、この景観は、貴重な観光資源にもなるため、活用のための開発も進行していた。その結果、保全と開発を天秤でかけることによるジレンマが生じる状況も生まれている。そのため当該の景観を保有する地域においては、景観のワイズユースを検討し、長期的な保全活用の視座に基づく計画のもと官民一体で戦略的に取り組んでいくことが急務の課題となっている。

　三保の松原（第1図）は日本三大松原のひとつとされ、美しい砂浜と常緑の松林が織り成す海岸から霊峰富士を仰いだ景色が認められ、2013年6月に世界文化遺産「富士山―信仰の対象と芸術の源泉」の構成資産となった。この比類なき景観は、古来から人々を魅了し、古くは和歌や浮世絵として表現されてきた（遠藤, 2014）。1915年には、全国投票の結果、北海道大沼、大分県邪馬渓とともに三保の松原が日本新三景に選ばれ、1922年には史蹟名勝天然紀念物保存法（現在の文化財保護法）により、日本で初めての名勝に指定された。

　第二次世界大戦後、急速な経済発展にともない、列島全体で開発に伴う人為的な環境改変が進行した。三保の松原の景観もその例に漏れず影響をうけるようになる。その一つが、海岸浸食である。1960年代以降、安倍川における河床礫の採取や砂防ダムの建設によって、1983年から三保海岸にて海岸浸食が生じた（宇多ほか, 1993）。この海岸浸食は急速に発展し、沖合の地形環境を変化させ、底生動物の急減を招いている（木村ほか, 2005）。さらに、世界遺産の構成遺産になった2013年以降、クロマツの集団枯死、集中豪雨後のガリー侵食、砂浜の人為的踏圧、廃棄練炭灰等が問題になっ

第1図　戦前の三保の松原が描かれた絵葉書
（小川賢之輔コレクション、ふじのくに地球環境史ミュージアム所蔵）

た（NPO法人三保の松原・羽衣村, 2016、加藤ほか, 2017、中日新聞, 2017、静岡新聞, 2017など）。世界遺産登録後急増する観光客への対策とともに、松林の積極保全が自治体を中心に進められている（静岡県, 2016）。

本研究は、三保の松原の景観のこれからのあり方を考える一材料として、三保の松原を中心とした景観がどのようにつくられてきたのかについて、砂嘴地形および砂丘形成の地理的観点から人為的影響の通史的程度を推察することを目的にした。

2. 地質時間スケールにおける三保半島の形成史と微地形

三保の松原を有する三保半島は、太平洋に面した静岡県中部の有度山の東側に位置した、長さ約4km、幅約1kmの駿河湾に張り出したくちばし状の形をした砂嘴地形であり、3つに分岐した砂嘴で構成されている（第2図）。砂嘴の形成をもたらした砕屑物供給源は、半島西部に位置する安部川と有度丘陵とされている（星野, 1976）。その形成史については、土隆一・高橋豊（1972）は、周辺地形と海水準変動の関連から、後氷期の海進期に、内側から徐々に形成されてきたと推定されたが、依田美行ほか（1998・2000）による三保半島地域のボーリング資料のシーケンス層序学的検討によって、最終氷期後の高海面期の停滞期とその後の低下期に、地層がオンラップしながら北東方向に段階的に発達したことを明らかにしている（柴, 2014）。また、石原武志（2014）は、三保半島最東端付近のボーリングコア資料および周辺コア情報の解析によって三保半島の地質断面を作成した。その結果、最新の砂嘴（最も北東部まで発達する分岐砂嘴）の形成時期は、1,300～600年前に相当することを明らかにした。また、石原ほか（2014）によってまとめられた三保半島の地質断面からは、半島の付け根部分には、海成と思われるシルト層が堆積していて、かつて半島が陸地から離れて"島"の時期が存在すること、羽衣の松付近では砂嘴を構成する砂礫層が約60mも厚く堆積していて、最もオンラップする場所になっていることを読み取ることができる。

三保半島の微地形には、かつての海岸線や、現在の海岸線に並行する形で連続的に最大比高7m程度の砂丘に対応する地形の高まりが複数存在する（第3図）。年代的に古い砂丘（古砂丘）は、半島の付け根の折戸湾の湾奥付近、折戸湾の地形に合わせて、南西から北東方向にかけてやや西側に湾曲しながら、約1kmにわたって存在する。この高まりをさらに延伸すると、最も内側に形成された砂嘴に対

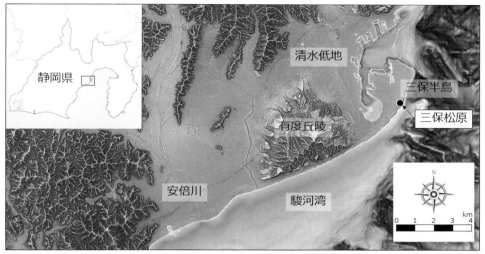

第2図 三保半島の位置図

応するため、半島における最も古い砂丘と考えられる。新しい砂丘（新砂丘）は、羽衣の松の南西約300 mを起点として、現海岸線に合わせて半島の先端部まで続いている。これは、最も外側の砂嘴に対応した新砂丘であり、その起点となる羽衣の松付近は、砂丘の幅が大きく、二列になっている。

なお、半島の付け根に砂丘地形が残っていないことは、半島形成の過程で、かつて"島"の時期があった（遠藤, 2014）ことと整合的である。また、砂嘴を構成する砂礫層の堆積が最も厚い場所が、現地形でもっとも砂丘の幅が広い部分と一致する。このことは、形成時代の異なる砂嘴堆積物が不整合の関係で累乗していることを示唆するものである。今後、該当する地域におけるボーリングコア研究の進展に期待したい。

3. 歴史時代の砂丘の人為的開析

三保半島中央部には、御穂神社が鎮座する。神社から南の方面に伸びる「神の道」と呼ばれる約400 mの松並木の参道の先には、

第3図 三保半島の微地形図
実線は最外部の砂嘴に対応する新砂丘部分、点線は最内部の砂嘴に対応する古砂丘部分の範囲をそれぞれ示す。
（国土地理院Web地理院地図にて作成）

御神木である羽衣の松（現在は三代目）と、御穂神社離宮である羽車神社が、三保の松原の景勝中心地として海岸部にある（第4図）。御穂神社の創建は不明不詳であるが、平安時代（927年）の神名帳に記載され、式内社に列している（「静岡県の地名」編集委員会, 2000）。また、江戸時代寛文年間（1661～1673年）には、駿河三宮の地位にあったとされる（中世諸国一宮制研究会編, 2000）。このことから、正確な時期はわからないが、三保の松原は、少なくとも平安時代から、信仰の場として人々のくら

しと密接に関連していたことが容易に想像できる。

　三保の松原の中心地である羽衣の松付近の微地形には、南西―北東方向に明瞭な2列の砂丘を読み取れる（第5図）。その間には砂丘間凹地も存在している（第6図）。しかし、御穂神社の参道「神の道」から海側に出る部分にあたる羽衣の松や羽車神社付近は、海側の砂丘の連続性が途切れている（第5図）。その消滅している部分は、一辺の長さが約300 mの正三角形の形を呈している。比高にすると最大部分で約2 mにも相当する（第6図）。地形の連続性および、消滅した部分の形を考慮に入れると、この地形形成の原因は、波や風による侵食等の自然作用とは考えられず、名勝となった景観をつくるために人為的に改変されたと考えるのが妥当である。では、その改変はいつからか考えてみる。古文書や古絵図には、現在の三保の松原には、平安時代以降、御穂神社の一連の建物が存在していたことが示される（遠藤, 2014、大竹ほか, 2017）。白砂青松に富士山があるという日本人の富士山信仰に関連する場所を構築し、維持するために、人工的に松を植え、砂丘を開析して、美しい景観にするために、ゆるやかな地形に改変したことが推定される。この人為的開析をおこなったのが平安時代とするならば、最新の砂嘴に対応する砂丘形成時期（石原ほか, 2014）とも調和的である。つまり、かつて駿河湾であった場所に、徐々に水面から陸地ができ始めた時期から、この場所は重要な富士山信仰の場として人為的に景観を作り上げたということである。

第4図　御穂神社（A）、羽車神社（B）、神の道（C）、羽衣の松（三代目）（D）
（撮影：山田和芳）

第5図　三保の松原中心部の微地形図と周辺写真
（撮影：山田和芳）
点線で囲った範囲は、人為的開析の範囲を示す。
（原図は国土地理院Web地理院地図にて作成）

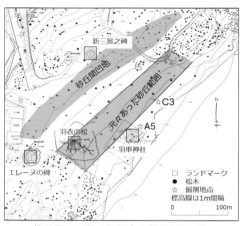

第6図　三保の松原中心部の測量図と各種建造物の位置
（□印）、掘削調査地点（☆印）色を付けた範囲は、地形判読結果による。（原図の提供：県森林整備課）

4. 過去100年間の景観変化

第7図は、大正時代から現在までの国土地理院発行の1／25000地形図の変遷を示す。その結果、三保半島の海岸地形は、大きく変化していることが明らかになった。約100年前の1916年では、ほぼ自然地形が残っているが、清水港の開発発展とともに、折戸湾側で埋立地が拡大していくことが読み取れる。一方、駿河湾は、半島先端部の砂嘴が拡大していることが明らかになった。大竹芙実ほか（2017）は、地形図から松林の分布域を抽出して、その面積を求めた。その結果、1916年に339.8 haであった松林が2000年には198.2 haまで約40％減少していることを明らかにした。かつては、半島全体に分布していた松林は、現在では、御穂神社から神の道にかけてと、最も外側の砂嘴に対応する砂丘上のみに分布を減少している。この原因は、高度経済成長期とその後の時期のおいて、宅地造成とともに、松木を資源として利用することが少なくなった日本人の生活様式の変化が挙げられる。

第8図は、戦後にあたる1947年以降から現在までの三保松原地域を中心とした空中写真の変遷を示している。海岸線、松林の程度、その他特徴的な土地利用の状況について空中写真判読をおこなった結果、1947年撮影の空中写真では、微高地に松林が存在しており、羽衣の松付近は、かなり疎林になっている。また、海岸部には、塩田が広く連なっている。松を燃料として利用した製塩業の発展の様子がわかる。1963年の写真は、1947年と比べて、海岸線や松林の規模はほとんど変わっていない。しかし、海岸部にあった塩田が消失している。1982年の写真では、海岸線は羽車神社より南西部では拡大している。松林は、羽車神社付近は密化している。この原因は、名勝地として松林の保全が取り組まれたことを示唆する。1989年の写真では、羽車神社付近で海岸線が後退している。松林は、北西側でさらに密化している。海岸線の後退は、安倍川からの土砂供給の減少が考えられる。2004年の写真では、海岸線は波型に大きく変化している。テトラポッド設置による海岸線の変化（静岡県, 2016）である。一方、松林は、再び過疎化にむかう。松枯れ問題が顕在しはじめるのはこの時期に相当する。

以上のように、100年というスパンで三保の松原の景観をみた場合、時代ごとの社会情勢の影響も受けながらも、その美しい景観が途切れないように、中心となる羽衣

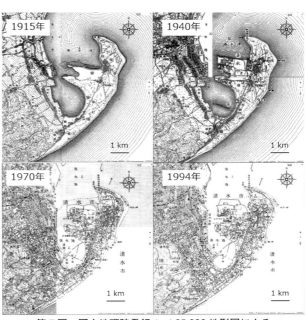

第7図　国土地理院発行1／25,000地形図による三保半島の地形変遷（公表年を各地図の左上に記載）

第8図　国土地理院発行1／10,000空中写真による三保の松原中心部の地形・土地利用変遷
（公表年を各写真の左上に記載）

の松付近は過度な開発が行われないよう、維持を目的とした保全が行われてきたことが推察される。

5. 近年の羽衣の松付近の地表面高度の変化

　日本各地の海岸地域の松林（おもにクロマツで構成される）は、主に防風・防砂林の役割を担うために、人工的に植栽された植生である。クロマツは実験において他と比べて耐塩性や乾燥に強いこと（立石ほか，2014）や、その成長がはやいこと、さらに、老いた木は薪炭材として有用な資源になるということで、古来より日本人に広く使われてきたものである（徳川林政史研究所，2012）。

　美しい海の景観の比喩である「白砂青松」。それを構成する白色の砂浜、緑色の松林、と青色の海という異なる3つの色彩がつくりだす景観こそが、日本人が美しいと感じる景観である。三保の松原はそれに富士山という円錐形の自然物がその風景に入ってくるところに比類なき景観として、古来より愛されてきたということである。

　近年、土砂の供給源となる河川流域における砂防工事やダム設置の影響によって、日本各地の海岸で、海岸浸食が発生している。その影響のため、海岸線の後退だけではなく、海岸から内陸部への砂の飛散（移動）も少なくなり、自然状態によって現在の砂浜や砂丘を維持することができない状態になっている。鳥取県の鳥取砂丘や皆生温泉などのように、他所から砂を運び入れる等の対策をおこなって維持している地域が多い（馬場ほか，1968，毎日新聞，2018）。

　現在の羽衣の松付近を俯瞰した場合、1922年に建立した新三景之碑（第9図）は、コンクリートの基礎部分がむき出しになっている。昭和初期の絵葉書に残っている同地点と比較して、現在の地表面が50cmほど低くなっていることが明らかになった。また、1956年に現在の場所に再建された羽車神社（第9図）についても、当時の鳥居の基礎部分がむき出しになっている。相対的に地表面が低くなってしまったため、その後、階段を新設している。むき出しの基礎部分から想定すると、再建当時と比較して、現在の地表面が50cmほど低くなっていることが明らかになった。これは、海岸浸食によって海浜砂が堆積する分布面積が小さくなり、その影響によって砂丘等内陸側への砂の供給が減ったことと推定される。

　吉河秀郎ほか（2006）は、三保半島において地球探査レーダー（GPR）による、地層内部構造の解析をおこなった。その結果、羽衣の松付近の測線の砂丘側においてのみ、自然に堆積した状況がみられず、地中に他の構成物とは密度的に異なる物体がある可能性が高いことが示唆された（第10図）。今回、羽衣の松付近の掘削調査地点（第6図）にて、約1mのピットを掘削して、埋設物の調査をおこなった。その結果、C3地点では深度50cm付近に、A5地点では深度70cm付近に、人工的に投棄され

第9図　新三景之碑（左）、羽車神社入り口部分（右）の写真（撮影：山田和芳）
建立当時の推定地表面を線で示す。

た人工物（ゴミ）が、焼却灰とともに確認された（第11図）。埋設されていたゴミの種類は、レジ袋のようなプラスチックビニル袋や、菓子や氷菓の包装ビニル、牛乳の紙パック、空き瓶であった。今回、製品や袋に書かれた情報から、製造および使用した時期について検討をおこなった。

第11図Aのビニル袋には、国鉄KIOSK（キオスク）の名前とともに、「いい日旅立ち」DISCOVER JAPANキャンペーンのロゴが印刷されていた。KIOSKは、国鉄（現在のJRグループ）の小型売店であり、1973年にその愛称をKIOSKに統一したものである。また、いい日旅立ちキャンペーンは、1978年11月から1984年1月にかけて行われたものであった。第11図Bの空き瓶は、赤マムシドリンクのラベルが貼付されており、その内容から1976年に発売開始された常盤薬品工業の天龍赤まむしドリンクと特定できた。第11図Cの紙パックは、損傷が激しいが、赤色で明治牛乳と印刷されたものを読み取ることができた。明治で紙容器入り明治牛乳が発売されたのは1955年からである。当時はテトラパックであり、直方体になったのは1976年からであった。第11図Dの氷菓の包装袋は、1979年に発売開始されたカネボウ（現在のクラシエフーズ）の棒アイス「BOB」のものであった。第11図Eの菓子の包装袋は、1972年に発売開始されたブルボンの洋菓子「ルーベラ」のものであった。

近年の堆積物の堆積年代を推定する際に、上述のような時代を特定できるゴミ

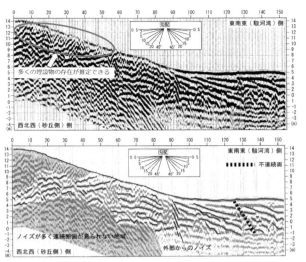

第10図　羽衣の松付近の地中レーダーによる地層内部構造プロファイル（吉河ほか, 2006を一部改変）

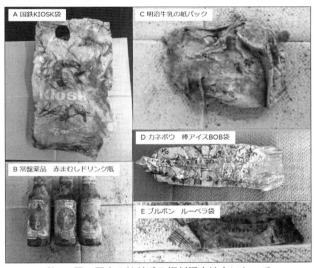

第11図　羽衣の松付近の掘削調査地点において地中に埋設されていたゴミ

A：国鉄（現JR）KIOSKのビニル袋、B：常盤薬品工業製のドリンク「天龍 赤まむし」空き瓶、C：明治牛乳製の牛乳紙パック、D：カネボウ（現クラシエフーズ）製のアイスクリーム「BOB」包装袋、Eブルボン製のクッキー「ルーベラ」包装袋

を用いた研究の有効性は高い（鈴木, 1995、増田, 2005）。今回の結果は、埋設ゴミの製造年代が1970年後半～1980年初頭の年代を示す。このことから、1970後半～1980年前半の羽衣の松付近の地表面は、少なくとも現地形面より50～70 cm低いところであったということが示された。この時期は、三保半島にて海岸浸食が始まった時期に相当する。また、ピット掘削による地表部付近の土壌断面の観察結果は、斜行層理など自然堆積を示す地層は存在せず、塊状構造の人工的な覆砂の特徴を示す。したがって、近年の三保の松原の一大観光地化にともない、自然による覆砂の影響は著しく低下し

て、美しい景観を維持するため、他所から砂を運び入れていた可能性が極めて高い。現在だけではなく、少なくとも高度経済成長期から、三保の松原を大切な観光資源として景観を維持するための人々の苦労が垣間見れる。

砂の堆積・侵食の観点に基づけば、戦後初期においては、三保半島では、海岸付近で砂嘴地形が発達しつづけ、広がる海岸部から多量の砂が、砂丘等の内陸側まで飛散していたことが示される。しかし、1960年以降から徐々に安倍川等からの土砂の供給が少なくなり、1980年ごろに三保半島で海岸浸食が生じ始める時期と同じく、海岸部から内陸側への飛砂供給も減少しはじめたことによって、自然状態では、三保の松原の美しい景観の維持が困難になったことが推定される。人々は、この景観を維持するために、人為的造成をたびたびおこなっていたことが予想される。

6. まとめ

本論では、比類なき三保の松原の景観を通史的に見渡した。その要点は以下3点にまとめられる。
　①砂丘を開析することで、名勝となった三保の松原の景観はつくられた。その時代は、近年ではなく、平安時代まで古く遡る可能性が高い。
　②松林は、長期的には減少しているものの、時代によってその密度には変動がある。この原因は、生活利用と保全のバランスによるものである。
　③海岸浸食が開始した時期（1980年前後）の松原が分布する地表面は、現在より50～70cm低下していた。現地形面までの砂の堆積は、砂浜からの飛砂ではなく、人為的な覆砂を繰り返すことに起因している可能性が高い。

今後の三保の松原の保全や活用を考えた場合、本地域は、古来からその時代のニーズに合わせながら、継続して人為的につくられた文化的景観といえる。将来のあるべき姿を考えるにあたり、いつの時代の景観をゴールとするのかについて、関係するすべての方が意識の共有をはかる必要があると強く感じる。奇しくも、静岡県の出身ではない筆者は、小学6年生の修学旅行で、三保の松原を訪ねていた。いまでも私の心に残るその景観は、今よりも奥ゆかしくも艶をもつ色彩られた日本らしい美しい情景であった。その風景を後世に残すためには、どうしたらいいのか、まずは、多くの日本人がこの地を強く想い続け、そして、手を加え続けることであると思う。その具体的方法をこれから考えなくてはいけないであろう。三保の松原に限らず、日本にしかない希少な自然資源となる景観のワイズユースについて発信し続けていきたい。

　　謝辞：本論をまとめるに際し、三保の松原研究のきっかけをいただいた安田喜憲先生、杉山泰裕氏に深く感謝いたします。静岡県経済産業部森林・林業局森林整備課、静岡市観光交流文化局文化財課には現地調査に際してご配慮いただいた。羽衣ホテル女将の遠藤まゆみ氏には、三保の松原の近況についてご教示いただいた。以上の方々に御礼申し上げます。

参考文献および註

馬場和秋・河村信武・成石活郎　1968「皆生海岸の侵食について」『海岸工学論文集』15、150-162頁。
中日新聞　2017a「地中に練炭灰　羽衣の松弱く」2017年1月20日朝刊。
中日新聞　2017b「三保松原の保全　松枯れ対策で一定の効果」2017年12月26日朝刊。
遠藤まゆみ　2014「三保の松原・美の世界」『NPO法人三保の松原・羽衣村』78頁。
星野通平　1976「駿河湾のなぞ」『静岡新聞社』253頁。
石原武志・水野清秀・本郷美佐緒・細矢卓志　2014「駿河湾北部の沿岸域における平野地下の第四系地質調査」『地質調査総合センター速報』65、65-76頁。
加藤　徹・剱持　章・山田祐記子・二井一禎　2017「潜在感染木に対する樹幹注入剤の効果—三保松原に

おいて小集団で毎年発生する松枯れ被害地の枯死木発生経過と対策―」『日本森林学会第128回学会大会講演集』43頁。
木村賢史・根元謙次・長濱祐美・吉河秀郎・西村　修　2005「三保海岸における海岸浸食の実態と底生生物に及ぼす影響の把握」『海洋開発論文集』21、229-234頁。
毎日新聞　2018「鳥取砂丘　砂上の城やまぬ浸食」2018年1月20日朝刊。
増田富士夫　2005「超高分解能層序学：地層から読み取る「年・月・日・時」」『地学雑誌』114、419-433頁。
NPO法人三保の松原・羽衣村（編）　2016「三保松原の水文地質構造―表面流出の現状と対策―」『NPO法人三保の松原・羽衣村』34頁。
大竹芙実・山本清龍・下村彰男　2017「絵画にみる三保松原と富士山との関係の変遷と現代の風景認識に関する研究」『ランドスケープ研究』80、569-574頁。
柴　正博　2014「静岡県の地質　三保半島のおいたち」『自然史しずおか』46、11-12頁。
静岡県　2016「三保松原白砂青松保全技術会議検討結果報告書」静岡県交通基盤部、38頁。
「静岡県の地名」編集委員会　2000「静岡県の地名（日本歴史地名大系）」平凡社、1387頁。
鈴木一久　1995「滋賀県野洲川，現世河川堆積物の堆積史と洪水氾濫堆積物の堆積構造」『地質学雑誌』101、717-728頁。
立石麻紀子・Ailijian Maimaiti・辻　将大・井上美那・谷口武士・山本福壽・山中典和　2014「海水浸漬がタブノキ，アカマツ，クロマツの生理に与える影響の継時変化」『日本緑化工学会誌』40、54-59頁。
徳川林政史研究所（編）　2012「森林の江戸学」東京堂出版、294頁。
土　隆一・高橋　豊　1972「東海地方の沖積海岸平野とその形成過程」『地質学論集』7、27-37頁。
中世諸国一宮制研究会（編）　2000「中世諸国一宮制の基礎的研究」岩田書院、779頁。
宇多高明・鈴木忠彦・山本幸次・板橋直樹　1993「三保松原の危機的海岸浸食状況」『海岸工学論文集』40、441-445頁。
依田美行・石井　良・中西のぶ江・田中政仁・根元謙次　1998「三保半島沖大陸棚からみた三保半島の形成過程」『東海大学紀要（海洋学部）』45、101-119頁。
依田美行・黒石　修・根元謙次　2000「堆積シーケンスからみた三保半島及び半島沖大陸棚の形成」『海洋調査技術』12、31-47頁。
吉河秀郎・村上文敏・根元謙次　2006「地中探査レーダーによる三保半島の地形発達過程」『海岸工学論文集』53、636-640頁。

Geographical study on landscape changes in Miho no Matsubara (Miho Pine Grove), central Shizuoka, Japan

Kazuyoshi Yamada

It was presented one scientific report to think about sustinable wiseuse ways both in preservation and utilization of the landscape of the scenic spot "Miho no Matsubara (Miho Pine Grove)", central Shizuoka Prefecture. Geomorphological approaches as well as field works as environmental history in area of Hagoromo no Matsu were performed for clarifying historical changes of the cultural landscape centered on Miho no Matsubara. We examined from both aspect of natural reaction and anthropogenic impacts for formating cultural landscape of Miho no Matsubara. As results, the cultural landscape of Miho no Matsubara has been formed since at least 10th century (Heian Era) and maintained up to present even while repeating much and less influence of human impacts.

特 集：環境史の視点で切り拓く地平＜視点2：人類の歴史とその探究＞

縄文時代人の食性と移動の解析のためのSr混合モデルの検討

Evaluation of strontium isotope mixing model to reconstruct diet and migration of Jomon populations.

日下 宗一郎 ふじのくに地球環境史ミュージアム
SOICHIRO KUSAKA

申 基澈 総合地球環境学研究所
KI-CHEOL SHIN

要 旨

遺跡から発掘される古人骨の同位体分析により，縄文時代の食性や集団間の移動を調べることができる。骨のハイドロキシアパタイトに含まれるストロンチウム（Sr）はカルシウムを置換して存在しており，その濃度は食物中の濃度を反映し，食物の栄養段階によって変動が生じる。Sr同位体比は地質によって異なり，栄養段階によって変動が生じないために，集団中の移入者の判別に有効である。本稿では，縄文時代の二つの貝塚遺跡から出土した古人骨のSr濃度を新たに測定し，それと同位体比を組み合わせる混合モデルを考察することで，食資源と人の移動について検討を行った。その結果，複数の食資源のSr同位体比と濃度を組み合わせる混合モデルによって，データの分布を説明することができた。Sr同位体比だけではなく，Sr濃度も考慮に入れることで，縄文時代の食性と集団間移動について詳細な考察が可能であることが明らかとなった。

キーワード

縄文時代　人骨　抜歯　食性　移動

1. はじめに

(1) 古人骨の同位体分析

古人骨は、過去に生きた人々の環境適応や社会構造について知るための重要な資料である。古人骨に含まれる元素の安定同位体分析によって、人々の食性を明らかにすることができる。骨を構成する主な要素は骨コラーゲンとハイドロキシアパタイトである。骨コラーゲンは、繊維状のタンパク質であり、骨の成分の3分の1を構成する。タンパク質であるため炭素原子、窒素原子、硫黄原子、水素原子、酸素原子などを含んでいる。古人骨中のコラーゲンは、食物として摂取されたタンパク質を使って体内で合成される。骨コラーゲンの炭素と窒素の安定同位体比を測定すると、そのタンパク質が何に由来するのか、つまりは人が摂取した食物資源を調べることができる。とくに炭素・窒素同位体比は、陸上資源と海産資源で大きく異なる値を示すため、海産物摂取の指標として研究に用いることができる。この手法が縄文時代人骨に対して行われ、海産物摂取量が評価されてきた（南川, 2001）。

また、骨の3分の2は、ハイドロキシアパタイトによって構成されている。ハイドロキシアパタイトは、無機物であり$Ca_{10}(PO_4)_6(OH)_2$の化学式によって表される。ただし純粋な物質ではないため、カルシウムを置換してストロンチウムやバリウム、マグネシウムなどの金属元素が微量に含まれている。またリン酸を置換して炭酸が含まれている。この炭酸の炭素同位体比も測定することができる。

ハイドロキシアパタイトは骨芽細胞によって作られるが、それに含まれる炭酸は血中の炭酸イオンが付加したものである。その炭素は、代謝された炭素に由来し、つまりは食物のエネルギー源として利用された炭素に由来する。そのため、ハイドロキシアパタイトの炭素同位体比を測定すると、人が摂取したエネルギー源を推定することが可能である。この方法を縄文時代人骨に適用し、縄文時代人のエネルギー源としては植物質食料が重要であったことが明らかとなっている (Kusaka et. al., 2015)。

(2) Sr 同位体分析による集団間移動の解析

ハイドロキシアパタイトに含まれるストロンチウム (Sr) の同位体比から、縄文時代人の移動を調べることができる。Sr は人体にとって非必須元素である。イオン半径がカルシウムに近いために、カルシウムを置換してハイドロキシアパタイト中に存在している。Sr には4つの同位体があるが、Sr 同位体比は $^{87}Sr/^{86}Sr$ によって表される。^{87}Sr は ^{87}Rb のベータ崩壊によって生じる。このルビジウム87の半減期はおよそ488億年であり、地球の年齢以上に長い。地球上にある岩石は形成年代が古く、Rb/Sr 比が高いと、高いストロンチウムの同位体比を示す。形成年代や Rb/Sr 比は地質によって異なるために、地質ごとに異なる Sr 同位体比を示すこととなる。そして岩石が風化することで水にストロンチウムが溶出し、植物や動物に摂取される。このとき、栄養段階を上昇しても Sr 同位体比が高くなることはない。動物の体組織の Sr 同位体比は、摂取した食物や水の同位体比を反映し、さらには居住していた地質と同じ同位体比を示すこととなる。これを利用すると、Sr 同位体比を測定することで、生物の生息域を推定することが可能となる。さらに人の場合も、骨や歯の Sr 同位体比を測定することで、その組織が形成された時に居住していた場所を調べることができる (Kusaka et. al., 2011)。

(3) ストロンチウム濃度の研究

上述の研究に加え、古人骨中のストロンチウム元素濃度も測定されてきた。必須元素であるカルシウムは能動的に体内に吸収されるが、ストロンチウム自体は非必須元素であるため受動的に吸収される。これはストロンチウムに比べてカルシウムのほうが体内に吸収されやすいことを意味している。ストロンチウムとカルシウムの濃度比である Sr/Ca 比は、栄養段階を上昇すると、被食者と捕食者の体組織の間で、低下することが知られている (Balter, 2004)。これは、食物の中のストロンチウムが吸収されにくいために、生物の中に固定されるストロンチウムのカルシウムに対する割合が、栄養段階を昇るほど小さくなるということである。この傾向は、生物純化 (Biopurification) と呼ばれる。陸上の植物、草食動物、肉食動物といった単純な生態系では、骨の Sr/Ca 比によって栄養段階を推定することが可能である。とくにカルシウムがどのような食物から摂取されているのか、カルシウム源を推定することが可能である。また、人のような海産資源も摂取する動物の場合は、陸と海の食物のストロンチウムやカルシウムの濃度に変動があるために、Sr/Ca 比から栄養段階を考察することには注意を要する (Burton et. al., 1999)。

(4) ストロンチウムの混合モデル

ストロンチウム濃度と同位体比を組み合わせる Sr 混合モデルを考慮に入れることは、食性と集団間移動の解析にとって有効である (Bentley, 2006)。人は複数の食物資源を摂取するが、食物資源ごとに濃度や同位体比は異なっている。そこで例として、2資源の場合の混合モデルを考える (第1図)。一つ目の資源1は、Sr 濃度が低く、Sr 同位体比が高い。二つ目の資源2は、Sr 濃度が高く、Sr 同位体比が低いとする。これらを50%ずつ摂取すると人の体組織の同位体比はどのような値になるだろうか。資源1と資源2の Sr 同位体比の平均値にはならない。Sr 濃度が二つの資源間で異なるために、濃度の高い資源2の同位体比に偏った値になるはずである。この関係を第1図に示している。資源1の Sr 濃度が低いために、資源1の摂取割合が高くないと、人は資源1の同位体比に近づくことはない。ここで、Sr 濃度の逆数を考えてみる。図には Sr 濃度の逆数と、Sr 同位体比をプロットしている。すると、混合モデルの関係は、直線で描くことができる。この関係を利用して、Sr 混合モデルを考

慮に入れることで、食物資源を推定することができる可能性がある。

　一つの事例として、スコットランドの古人骨の分析例を紹介する（Montgomery, 2010）。Sr同位体比とSr濃度の逆数をプロットすると、ルイス島の集団はSr同位体比が高い個体から、Sr同位体比が低い個体まで一直線上に並んでいた。ストロンチウムの濃度の逆数でプロットして、正の相関があるということは、濃度が低く、Sr同位体比が高い資源と、濃度が高くSr同位体比が低い資源の二つが摂取されていて、個人ごとにそれらを摂取する割合が異なることを意味している。また、スカイ島の集団は、石灰岩地域に居住しており、海産資源も摂取しているために、0.7092程度のSr同位体比を示し、濃度も高い傾向にあったが、その分布は直線的ではなかった。このこと自体は、複数の資源を摂取していて個人差が生じていないため起こった可能性と、海産資源のSr濃度が高くその影響が強いためにそのような分布が生じた可能性がある。濃度の逆数も加えることで、Sr同位体比だけでは分からない集団の特徴を際立たせることができるため、人類集団の移動を判別するために有効である。

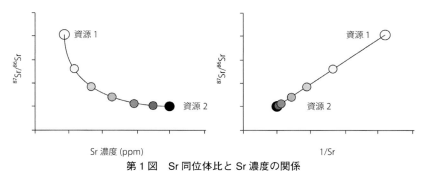

第1図　Sr同位体比とSr濃度の関係

（5）本研究の目的

　そこで、本研究では、縄文時代人骨の歯のエナメル質と骨のSr濃度を測定することで、Sr混合モデルを使って新たに起源地の解釈ができるか検討することを目的とした。これまでSr同位体比を測定した人骨について、改めて元素濃度の測定を行った。得られたデータの同位体比と濃度を考慮したSr混合モデルによって、解釈を行った。各人骨の性別や抜歯系列とも検討を行った結果を報告する。

2.　縄文時代人骨の分析

（1）資料と方法

　資料は愛知県田原市吉胡貝塚から出土した人骨（39個体）と豊川市稲荷山貝塚から出土した人骨（17個体）の第三大臼歯と肋骨である。古人骨の歯のエナメル質を約1.0 mg削り、酢酸（0.1 mol/L）により洗浄した。その後、超純水にて洗浄し、試料を乾燥させた。それらから約0.5 mgを秤量して、硝酸で溶解させ、1万倍希釈になるように調整した。そして、誘導結合プラズマ型質量分析装置（ICP-MS、Agilent7500cx）を用いて元素濃度を分析した。標準物質は、多元素混合標準溶液（XSTC-622）を多段階に希釈したものを用いた。

（2）分析の結果

　吉胡人骨の歯のエナメル質のSr濃度の平均値は195±48 ppmであり、102から297 ppmまでの範囲を示した。吉胡人骨の骨試料のSr濃度の平均値は398±131 ppmであり、171から928 ppmの値の範囲を示した。稲荷山人骨の歯のエナメル質のSr濃度の平均値は160±54 ppmであり、73から252 ppmまでの範囲を示した。稲荷山人骨の骨試料のSr濃度の平均値は411±65 ppmであり、284から503 ppmの値の範囲を示した。どちらの集団においても、骨試料のSr濃度がエナメル質よりも高かった。濃度自体は、古人骨に想定される濃度を示している。

　吉胡人骨の歯のエナメル質のBa濃度の平均値は7.4±4.2 ppmであり、1.5から19.8 ppmまでの範囲を示した。吉胡人骨の骨試料のBa濃度の平均値は156±74 ppmであり、27から360 ppmの値

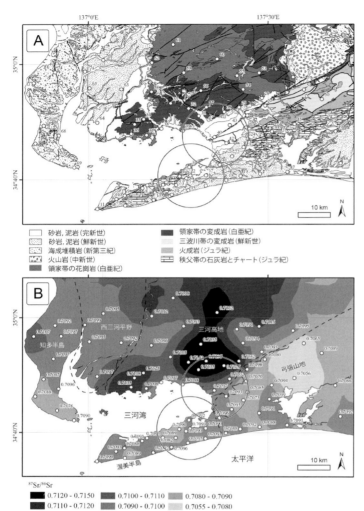

第2図　A：東海地域の地質図　B：植物のSr同位体比地図

の範囲を示した。稲荷山人骨の歯のエナメル質のBa濃度の平均値は3.8±3.0 ppmであり、1.1から10.9 ppmまでの範囲を示した。稲荷山人骨の骨試料のBa濃度の平均値は138±57 ppmであり、76から252 ppmの値の範囲を示した。Ba濃度についても、骨試料のほうが濃度が高く、続成作用の影響が想定される。

それぞれの個体のCa濃度、Sr濃度、Ba濃度から、Sr/Ca比、Ba/Ca比を計算した。それぞれの個体のSr同位体比データや東海地域の植物のSr同位体比のデータは、発表済みの論文より引用した（第2図、Kusaka et al., 2009・2011）。

3. 考察

(1) 濃度分析の結果

それぞれの分析の結果、歯のエナメル質のSr/Ca比とBa/Ca比に相関が見られた（第3図）。Sr/Ca比は栄養段階を昇ると減少していくことが知られている。これはSrやBaよりもCaのほうが吸収されやすいことを意味している。栄養段階が低くSrやBa濃度のどちらもが高い資源、もしくは栄養段階が高くどちらも濃度が低い資源を、個人ごとに異なる割合で人が摂取していたことを意味している。

(2) 吉胡人骨の分析結果

ここで吉胡貝塚人骨のストロンチウム同位体比と、Sr濃度の逆数としてCa/Sr比を第4図にプロットしている。エナメル質と骨試料を比較すると、骨試料のほうが低いCa/Sr比となっている。このことは、骨試料においてSr濃度が高い傾向にあることを示し、続成作用の影響によって、土や地下水の中に含まれるSrが付加されていることを意味している。また、骨のSr同位体比は、0.709前後に収束しており、海水の影響が強いために0.7092という値に生前の値から近づいている可能性がある。

また吉胡貝塚人骨の歯のエナメル質のCa/Sr比とSr同位体比は、三角形状の分布を示している。これは何を意味しているのだろうか。これはそれぞれの端点の示す先に摂取された資源の存在を示す可能性がある。一つ目の資源は海産資源であろうと推定できる（第4図A）。海産資源のSr同位体比は0.7092であり、Ca/Sr比が高くなるにつれて、海産資源の値に近づいている。Ca/Sr比が高いということは、栄養段階が高い資源を摂取したことを意味しており、栄養段階の高い海産資源を摂取す

ると、この一つ目の端点の値に収束すると考えられる。

　二つ目の資源は、栄養段階の低い海産資源と、渥美半島の陸上植物である（第4図B）。栄養段階の低い海産資源は、Sr同位体比は海の値を示し、栄養段階が低いとCa/Sr比が低くなるはずである。また、陸上植物のSr濃度は高く、それを摂取した人のCa/Sr比は低くなるはずである。渥美半島の植物のSr同位体比は、平均値で0.709程度であり、陸上植物を摂取しても、そのようなSr同位体比と低いCa/Sr比を示すこととなる。

　三つ目の資源は、三河高地の陸上植物である（第4図C）。三河高地は領家帯の花崗岩や変成岩が分布しているために、Sr同位体比が高く、平均値で0.711程度を示す。よって、これらの地域から採取した植物資源を摂取すると、Sr同位体比が高く、Ca/Sr比が低くなるはずである。

　四つ目の資源は、弓張山地の陸上植物である（第4図D）。弓張山地は、秩父帯の石灰岩や頁岩が分布しており、陸上植物のSr同位体比の平均値は、0.7085程度を示している。Sr同位体比が海水の値よりも低い個体は、この地域の植物資源を摂取していたと考えられる。

　これらの資源を結ぶ混合ラインを第4図にプロットしている。栄養段階の高い海産資源の利用と、地域の異なる植物資源を混合して利用したことにより、各人骨の同位体比と濃度の分布を説明することができる。第三大臼歯のエナメル質は、9から13歳のころに形成されるため、そのSr同位体比はそのころに居住していた場所の値を記録している。Sr同位体比のみを用いて移入者を判別した際には、0.7092以上を示す個体はすべて移入者として判別した（Kusaka et. al., 2009）。本稿でも、同様の結論であり、海産資源の値よりも高い値を示す個体は、海産資源に加えて三河高地の陸上植物を摂取していたと考えられる。このことは、おそらく子ども期に遺跡とは別の場所に居住していた可能性を示唆している。

（3）稲荷山人骨の分析結果

　稲荷山貝塚から出土した人骨の分析結果も第4図に示している。稲荷山人骨の場合も、骨試料においてCa/Sr比が低く、続成作用の影響によることが示唆される。歯のエナメル質のほうがCa/Sr比が高く、Sr同位体比も広い分布を示しており、三角形状の分布を示している。吉胡貝塚のデータについて検討したのと同じ資源を図にプロットしている。やはり、稲荷山貝塚のデータについても、吉胡貝塚の場合と同様の解釈が可能である。海産資源は、栄養段階の高い資源から栄養段階の低い資源まで摂取されていたと考えられる。多くの個体が海産資源のSr同位体比よりも高い値を示している。稲荷山貝塚は三河高地に近いために、多くの個体が陸上資源として三河高地のSr同位体比を示す植物を摂取していたと考えられる。三河高地の陸上植物と栄養段階の高い海産資源の混合ラインよりも上方に1個体外れている個体がいる。この個体については、Sr同位体比がとても高いために移入者と解釈した。ほかに、2個体だけ海水より若干低いSr同位体比を示していて、移入者の可能性も考えられる。さらに、Sr同位体比の最も低い1個体は、弓張山地の陸上植物と栄養段階の高い海産資源の混合ラインからは、大きくかけ離れている。この個体は明らかに移入者であると判別することができる。このように、Sr同位体比のみだけではなく、その濃度も考慮することで、その食資源と移入者の起源について検討することができる。

（4）個人の属性による検討

　古人骨の性別と抜歯系列によって同位体比や濃度に何らかの傾向があるのか、個人単位で検討することができる。性別や抜歯系列ごとに食性や移動に何らかの関係があれば、それは当時の社会組織について何かを物語る可能性がある。上述のSr同位体比と濃度のデータについて、性別と抜歯系列に従って分けた第5図を示している。吉胡貝塚の場合、男性や女性に分けてもその分布に大きな違いがなく、抜歯系列に分けても同様の結果だった。稲荷山貝塚の場合、明らかな移入者である2個体は2C系の男性である。在地者の2C系男性は、海産資源を多く利用したSr同位体比を示している。4I

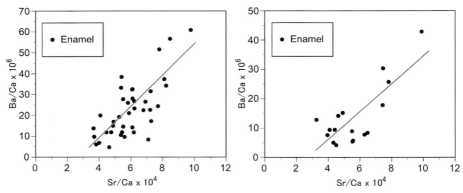

第3図 歯のエナメル質の Sr/Ca 比と Ba/Ca 比の相関関係（左：吉胡人骨、右：稲荷山人骨）

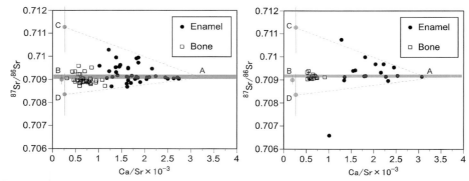

第4図 骨試料と歯のエナメル質の Sr 同位体比と Ca/Sr 比の関係（左：吉胡人骨、右：稲荷山人骨）

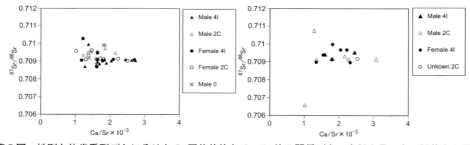

第5図 性別と抜歯系列ごとに分けた Sr 同位体比と Ca/Sr 比の関係（左：吉胡人骨、右：稲荷山人骨）

系の女性は混合ラインに載るかたちで分布しているようにもみえる。どちらの遺跡の古人骨についても、濃度を解析に加えただけでは、明確な発見はなかったと言える。

4. まとめ

　古人骨の歯のエナメル質の Sr 濃度の検討は Ca 源を明らかにし、さらには食資源や集団間移動を特徴づける上で有用であることが明らかとなった。骨試料や歯のエナメル質の Sr 濃度は、食物資源の Ca や Sr の濃度を反映している。海産資源の Sr 同位体比は一定であるが、Sr 濃度はそれぞれの栄養段階ごとに異なっていたと考えられる。いっぽうで、陸上植物の Sr 濃度は高く、Sr 同位体比はそれぞれの地域ごとの地質に応じて異なっていた。それらの資源を摂取することによって、古人骨集

団のSr同位体比と濃度の分布が決まったと考えられ、それらの資源の混合ラインの内側に古人骨のデータはプロットされる。また、骨試料は続成作用の影響を受けやすく、生前の値よりも濃度が高くなってしまっていると考えられる。このようなSr混合モデルによる検討を行うことで食資源と集団間移動を検討できることが明らかとなった。先史時代の人の移動を明らかにする上では、Sr同位体比だけではなく、Sr濃度も合わせて検討することが望ましい。また、より詳細に食性と移動を調べるためには、Sr元素だけではなく、ほかの元素にも着目した研究の進展が必要となるだろう。

謝辞：本稿を執筆するにあたり、ふじのくに地球環境史ミュージアム職員の皆様にお世話になりました。また本研究は、総合地球環境学研究所の同位体環境学共同研究事業の支援により行いました。記して感謝いたします。

参考文献および註

南川雅男　2001「炭素・窒素同位体分析により復元した先史日本人の食生態」『国立歴史民俗博物館研究報告』86、333–357頁。

Balter, V., 2004. Allometric constraints on Sr/Ca and Ba/Ca partitioning in terrestrial mammalian trophic chains. Oecologia 139, pp.83-88.

Bentley, R.A., 2006. Strontium isotopes from the earth to the archaeological skeleton: A review. J. Archaeol. Meth. Theor. 13, pp.135-187.

Burton, J.H., Price, T.D., Middleton, W.D., 1999. Correlation of bone Ba/Ca and Sr/Ca due to biological purification of calcium. J. Archaeol. Sci. 26, pp.609-616.

Kusaka, S., Uno, K.T., Nakano, T., Nakatsukasa, M., Cerling, T.E., 2015. Carbon isotope ratios of human tooth enamel record the evidence of terrestrial resource consumption during the Jomon period, Japan. Amer. J. Phys. Anthropol. 158, pp.300-311.

Kusaka, S., Ando, A., Nakano, T., Yumoto, T., Ishimaru, E., Yoneda, M., Hyodo, F., Katayama, K., 2009. A strontium isotope analysis on the relationship between ritual tooth ablation and migration among the Jomon people in Japan. J. Archaeol. Sci. 36, pp.2289-2297.

Kusaka, S., Nakano, T., Yumoto, T., Nakatsukasa, M., 2011. Strontium isotope evidence of migration and diet in relation to ritual tooth ablation: a case study from the Inariyama Jomon site, Japan. J. Archaeol. Sci. 38, pp.166-174.

Montgomery, J., 2010. Passports from the past: Investigating human dispersals using strontium isotope analysis of tooth enamel. Ann Hum Biol 37, pp.325-346.

Evaluation of strontium isotope mixing model to reconstruct diet and migration of Jomon populations.

Soichiro Kusaka and Ki - Cheol Shin

The stable isotope analysis on human skeletal remains from the Jomon periods is a useful tool to reconstruct diet and migration of prehistoric humans. The concentration of strontium in bone hydroxyapatite reflects those of dietary resources. The strontium isotope ratios in bone hydroxyapatite and tooth enamel reflect local geology and eventually shows place of living during the period that those tissues formed. The concentration of strontium in bone hydroxyapatite and tooth enamel of two human skeletal populations from the Jomon shell mounds were measured using the ICP-MS. The consideration of strontium mixing model that combine strontium isotope ratios and the concentrations of strontium was able to detect possible dietary sources and help to detect immigrants in each population.

特　集：環境史の視点で切り拓く地平＜視点２：人類の歴史とその探究＞

アリューシャン列島の古植生変遷およびアリュート族拡散に関する研究

A study of paleovegetational changes and settlements of the Aleut people in the Aleutian Islands, Alaska

野口　真　岡山理科大学大学院理学研究科
MAKOTO NOGUCHI

藤木　利之　岡山理科大学理学部基礎理学科
TOSHIYUKI FUJIKI

奥野　充　福岡大学理学部地球圏科学科
MITSURU OKUNO

ガルティエリ, リン　シアトル大学土木環境工学科
LYN GUALTIERI

ハットフィールド, バージニア　アリューシャン博物館
VIRGINIA HATFIELD

ブルナー, ケイル　カンザス大学人類学科
KALE BRUNER

サラータ, ブレン　フグロ・エンジニア B.V.
BRENN SARATA

鳥居　真之　熊本大学大学院自然科学研究科附属減災型社会システム実践研究教育センター
MASAYUKI TORII

和田　恵治　北海道教育大学地域環境教育・地学研究室
KEIJI WADA

中村　俊夫　名古屋大学宇宙地球環境研究所年代測定研究部
TOSHIO NAKAMURA

ウエスト, ディキシ　カンザス大学生物多様性研究所・自然史博物館
DIXIE WEST

要旨

アリューシャン列島には、先住民であるアリュートが生活しており、数多くの遺跡が発見されている。本論では、アダック島とウナラスカ島で採取されたコアを分析して、化石花粉と木炭片の変化からアリュートの到達年代について検討した。アダック島の分析の結果、Intermediate テフラの直上約7200年前の堆積物から木炭片が増加しており、別の地点からは直上から貝塚が発見されている。このことから、人類の到達年代は7200年前であると考えられる。ウナラスカ島の試料については、約2000年前までしか遡ることができなかった。しかし、花粉分析結果から、人類や動物によって種子を散布するオオバコ属の花粉が比較的多く見られ、さらに木炭片の個数・総面積が安定して多く検出された。これらのことから、アラスカ半島が近いこの島では、人間活動による影響を長期間受けていた可能性が考えられた。

キーワード

アダック島　ウナラスカ島　化石花粉　木炭片　アリュート族

1. はじめに

　アリューシャン列島は、アラスカ半島からカムチャッカ半島にかけて弧状に伸びる約 1930 km の火山列島である。本列島は東からフォックス諸島、フォー・マウンテンズ諸島、アンドレアノフ諸島、ラット諸島、ニア諸島、コマンドル諸島の 6 つに分けられ、コマンドル諸島はロシア領であるが、その他はアメリカ領である（John, 2017）。本列島には多くの火山が分布しており、火山活動が活発で、その堆積物には年代が明らかな多くの火山灰層（テフラ）が狭在している。そのため、詳細な年代編年を行うことができる（Black, 1976）。本列島では、これまでアダック島（Heusser, 1978）、アトカ島とアッツ島（Heusser, 1990）において花粉分析による植生変遷の研究が行われている。その結果、主に草本花粉が産出し、ヒース植生が広がっていたとみられる。樹木花粉はほとんど産出せず、産出した樹木花粉は、西方のコマンドル諸島やカムチャッカ半島から風によって運ばれたと結論付けられた（Heusser, 1990）。そして、それらの植生変化の要因は主に気候変動であるとされており、降灰による植生の変化は一時的なものであると考えられている（Heusser, 1978・1990）。John（2017）によると、アリューシャン列島の先住民であるアリュートについて、人類学者と考古学者は 100 年以上にわたって研究しているが、戦前の考古学的研究は技術不足のため、高精度なデータが得られていない。本列島では、1970 年以降から有史時代の遺跡の調査研究が行われ、その結果、多くの島々からアリュートの遺跡が発見された。それらの遺跡の年代から、アリュートはアラスカ半島から西部に向かってアッツ島まで拡散したことが判明し（Laughlin et. al., 1979、Crawford, 2009）、ウナラスカ島が属する東部のフォックス諸島には 9000 年前（Devis and Knecht, 2010）、アダック島が属する中央部のアンドレアノフ諸島には 7000 年前に、アッツ島が属する西部のニア諸島には 3500 年前に到達したようである（Savinetsky, 2012、West et. al., 1999）。南太平洋域における人類拡散の研究によると、発見された遺跡の年代と人類活動の証拠となる植生改変時期が一致しないことが多々あり、遺跡の年代よりも古い時代に人類が到達していた可能性が示唆されている（印東, 2012、Fujiki et. al., 2014）。そこで、本研究では、アリューシャン列島においてすでに発見されている遺跡の年代だけでなく、花粉分析と木炭片分析の両面からアリュートの移動の年代について考察することを目的とする。

2. 調査地点の気候・植生

　アリューシャン列島は海洋性気候で、気温は年間を通して低く、夏期の最低気温は 4℃ 付近で、最高気温は 10～13℃ であるが、冬期では最低気温は -7～-2℃ で、最高気温は 2～5℃ である。年間平均降水量は多く、アダック島やウナラスカ島では約 15000 mm である。冬には霧、低い雲、嵐が多く発生する（van der Leeden and Troise, 1974、Gallant et. al., 1995、Talbot et. al., 2010）。植生は草原であり、樹木はほとんど見られず、植物群落は草本類と荒地の背丈の低い植物群であるヒースの 2 つに分けられる（Bank, 1952、Hultén, 1960）。ヒースは主にツツジ科ガンコウラン属で構成されている（Heusser, 1978）。アダック島とウナラスカ島の植物種数を比較すると、アラスカ半島に近いウナラスカ島の方が多く、より豊富な植生となっている（Hultén, 1968）。

3. 分析試料と年代

(1) アダック島

　アダック島では、ハベン湖周辺の北緯 51°54′23.4″、西経 176°38′38.4″ でピートサンプラーを用いて全長 233 cm の ADK13083002 コアを得た（第 1 図）。全層が泥炭層で、14～18 cm (40 Years)、40～44 cm (YBO)、72～79 cm (Sandwich)、121～134 cm (Intermediate)、154～176 cm (Main)、196～200 cm (Gritty) にテフラが見られた（第 2 図）。さらに、これらのテフラの年代は、40 Years テフラが 0.4 cal kBP、

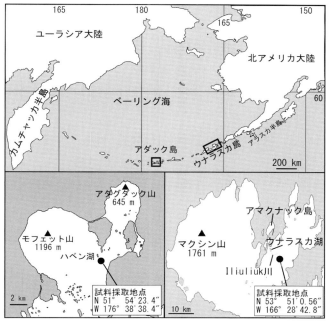

第1図　試料採取地点

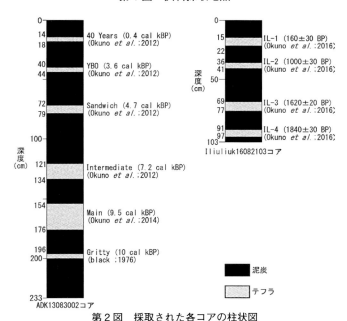

第2図　採取された各コアの柱状図

YBO テフラが 3.6 cal kBP、Sandwich テフラが 4.7 cal kBP、Intermediate テフラが 7.2 cal kBP、Main テフラが 9.5 cal kBP、Gritty テフラが 10 cal kBP であった（Black, 1976、Okuno et. al., 2012、奥野ほか, 2014）。

（2）ウナラスカ島

ウナラスカ島では、Iliuliuk 川沿いの北緯 53°51'0.56"、西経 166°28'42.8" の露頭から全長 103 cm の Iliuliuk16082103 コアを得た（第1図）。全層が泥炭層で、15～22 cm（IL-1）、36～41 cm（IL-2）、69～77 cm（IL-3）、91～97 cm（IL-4）にテフラが見られた（第2図）。これらのテフラの年代は、IL-1 テフラが 0.17 cal kBP、IL-2 テフラが 0.94 cal kBP、IL-3 テフラが 1.52 cal kBP、IL-4 テフラが 1.78 cal kBP であった（奥野ほか, 2016）。

4．分析方法

分析試料は、ADK13083002 コアは 5 cm 間隔、Iliuliuk16082103 コアは 2～3 cm 間隔でサブサンプリングしたものに、水酸化カリウム処理、塩酸処理、塩化亜鉛比重分離処理、アセトリシス処理を行い、残渣をエタノールシリーズで脱水後、キシレンに置換してオイキットで封入し、プレパラートを作成した。化石花粉・胞子は倍率 400 倍で検鏡し、必要に応じて倍率 600 倍も用いて同定した。測定は、各層準について樹木花粉（AP）と非樹木花粉（NAP）を合わせて 500 個以上になるまで行った。化石花粉・胞子の出現頻度は樹木花粉と非樹木花粉の総和を基本数とし、百分率で示した。木炭片は、花粉と胞子を 500 個測定する間に検出される個数と総面積を測定した。総面積は、Nikon DS カメラコントロールユニット DS-L3 を使用して測定した。

5．結果

（1）花粉分析

ADK13083002 コアから産出した化石花粉・胞子の光学顕微鏡写真を第3図、化石花粉・胞子変遷

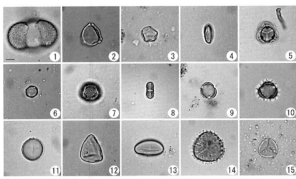

第3図　ADK13083002 コアから産出した化石花粉・
　　　胞子の光学顕微鏡写真（スケールは 10 μm）
1：マツ属、2：カバノキ属、3：ハンノキ属、4：ヤナギ属、
5：ガンコウラン属、6：オウレン属、7：その他のキンポウゲ科、8：セリ科、
9：ヨモギ属、10：その他のキク科、11：イネ科、12：カヤツリグサ科、
13：単条溝型シダ胞子、14：ヒカゲノカズラ科、15：ミズゴケ科

図を第4図に示し、Iliuliuk16082103 コアから産出した化石花粉・胞子の光学顕微鏡写真を第5図に、花粉・胞子変遷図を第6図に示した。どちらの島でも草本花粉がほとんどの割合を占めているが、本来生育していない樹木花粉も産出された。また、アダック島とウナラスカ島の花粉の種類を比較すると、ウナラスカ島の方が多くの種類が産出した。どちらの島でも主にイネ科、カヤツリグサ科、ガンコウラン属が産出し、ウナラスカ島ではそれに加えてワレモコウ属、オオバコ属の花粉も産出した。

(2) 木炭片分析

ADK13083002 コアと Iliuliuk16082103 コアの両方から多くの木炭片が検出された。ADK13083002 コアでは、Intermediate テフラの下部までは木炭片の総面積が 1500 μm² 未満、個数が 75 個未満であったが、その上部以浅の層からは総面積が 1000 μm² を超え、最大で 4500 μm² 以上になる木炭片も検出された。さらに個数は 100 個を超え、最大で 250 個近くまで検出された。Iliuliuk16082103 コアでは、全層を通して検出された木炭片の総面積と個数が多かった。全層で総面積は 4000 μm² を超えており、10000 μm² を超える層準も確認された。個数は少しばらつきが見られたが、全層 100 個を超えており、アダック島よりも多くの木炭片が検出された。

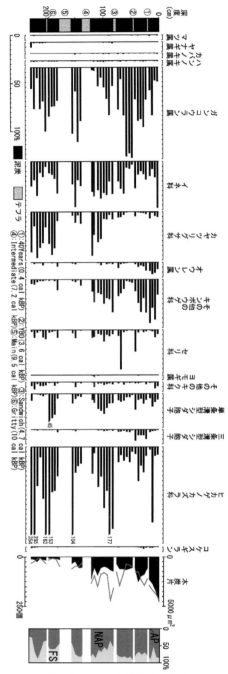

第4図　ADK13083002 コアの
　　　化石花粉・胞子変遷図

6. 考察

(1) 花粉分析

今回の分析でアダック島とウナラスカ島に生育していない樹木花粉が産出した。アダック島の先行研究で、これらの樹木花粉は西方のカムチャッカ半島やコマンドル諸島から風によって運ばれたと

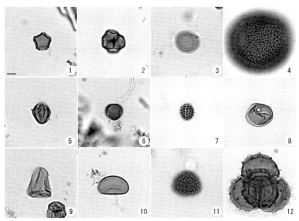

第5図　Iliuliuk16082103 コアから産出した化石花粉・
胞子の光学顕微鏡写真（スケールは 10 μm）
1：ハンノキ属、2：ガンコウラン属、3：オオバコ属、4：フウロソウ属、
5：ワレモコウ属、6：ヨモギ属、7：その他のキク科、8：イネ科、
9：カヤツリグサ科、10：単条溝型シダ胞子、11：ヒカゲノカズラ科、
12：コケスギラン

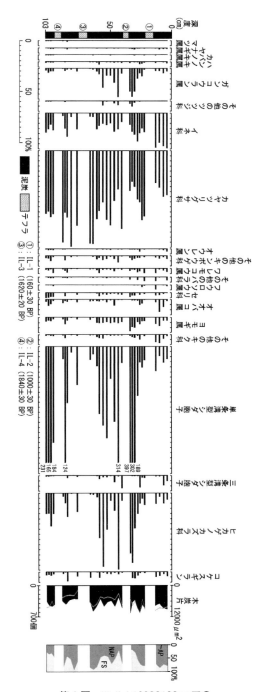

第6図　Iliuliuk16082103 コアの
化石花粉・胞子変遷図

考えられている（Heusser, 1978・1990）。しかし、ウナラスカ島は、アラスカ半島の近くに位置するため、野鳥や人類によって種子が運ばれ生育したものもあると考えられる。また、アダック島では見られなかったオオバコ属やワレモコウ属についても同様のことが考えられる。オオバコ属の種子は、人や動物の足に付着して運ばれるため、9000年前に人類が到達して以降アラスカ半島から継続的に種子が運ばれ、生育したことでそれらの花粉が堆積したことが理由として考えられる。また、ワレモコウ属は人による刈取や火入れといった人為的攪乱に乗じて生育範囲を拡大させてきたといわれているため（守山, 1988）、早くから人間活動による影響を受けていることが考えられる。

（2）木炭片分析

人類が火を起こすことで発生した木炭片は、その時代の地層に含まれるため、木炭片の増加が人類活動の証拠として挙げられる。アダック島では、Intermediateテフラの直下では31個だった木炭片の個数がテフラの直上では136個に増加し、また総面積はテフラの直下で1117.74 μm²であったものが直上では2340.75 μm²に増加している。このテフラの直上からは7200年前のアリュートの貝塚が発見されており（Okuno et. al., 2007）、人類拡散のデータと調和的である。また、9000年前に人類が到達しているウナラスカ島では木炭片が安定して多く産出していた。さらに、個数も総面積もアダック島のものを大きく上回っていたため、ウナラスカ島では早くから活発に人間活動が行われていたことが考えられる。

7. まとめ

アリューシャン列島のアダック島とウナラスカ島にて採取された泥炭堆積物コアを用いて、化石花粉・木炭片分析を行い、アリュートの拡散時期について考察した。アダック島における木炭片の増加時期より、この島でアリュートが定住を始めたのは約 7000 年前である可能性が考えられた。ウナラスカ島における分析結果より、花粉の種類や木炭片の個数・総面積から、長い期間、人類活動による影響を受けていたことが考えられた。

謝辞：本研究には日本学術振興会の科研費・基盤研究(c)「テフラと放射性炭素年代によるアリュート遺跡および火山噴火史に関する日米共同研究」（代表者：奥野　充、課題番号 23501254）の一部を使用した。記して謝意を表す。

参考文献および註

Bank, T.P., II. 1952. Botanical and ethnobotanical studies in the Aleutian Islands. I. Aleutian vegetation and Aleut culture. *Papers Michigan Aced. Sci. Arts & Letters*, 37, pp.13-30.

Black, R.F. 1976. Late Quaternary glacial events, Aleutian Islands, Alaska. *In* Easterbrook, D. J. and Sibrava, V. eds., *Quaternary Glaciations in the Northern Hemisphere*, INQUA, pp.285-301.

Crawford, M. H. 2009. Settlement of the Aleutian Islands and its genetic sequelae. *Etsudios de Antropologia Biologica*, XIV-I. pp.223-241.

Davis, R.S., Knecht, R.A. 2010. Continuity and change in the eastern Aleutian archaeological sequence. *Human Biology*, 82, pp.507-524.

Fujiki, T., Okuno, M., Moriwaki, H., Nakamura, T., Kawai, K., McCormack, G., Cowan, G., Maoate, P.T. 2014. Vegetation changes viewed from pollen analysis in Rarotonga, southern Cook Islands, eastern Polynesia. *Radiocarbon*, 56, pp.699-708.

Gallant, A.L., Binnian, E.F., Omernik, J. M., Shasby, M.B. 1995. Ecoregions of Alaska. U.S. Geological Survey Professional Paper 1576.

Heusser, C.J. 1978. Postglacial vegetation on Adak Island, Aleutian Islands, Alaska. *Bulletin of the Torrey Botanical Club*, 105, pp.18-23.

Heusser, C.J. 1990. Late Quaternary vegetation of the Aleutian Islands, southwestern Alaska. *Can. J. Bot.*, 68, pp.1320-1326.

Hultén, E. 1960. Flora of the Aleutian Islands. *Cramer, Weinheim*. 376 pp.

Hultén, E. 1968. Flora of Alaska and neighboring territories: A manual of the vascular plants, Stanford Univ. Press America. 1032pp.

印東道子　2012「人類大移動　アフリカからイースター島へ」『朝日選書』280 頁。

John, H. 2017 Aleutian Islands, Aleut and settlement history: Prehistory. Bobby Digital. America. 142pp.

Laughlin, W.S., Jorgensen, J., Frohlich, B. 1979. Aleuts and Eskimos: Survivors of the Bering land bridge coast. In Laughlin, W.S., Harper, A.B. eds., *The first Americans: origins, affinities, and adaptations*, Gustav Fischer, New York, pp.91-104.

守山　弘　1988「自然を守るとはどういうことか」『農山漁村文化協会』260 頁。

Okuno, M., Gualtieri, L., West, D., Wilmerding, E.G., Nakamura, T. 2007. Aleut shell mounds intercalated with tephra layers in Adak Island and Adjacent volcanoes in the west-central Aleutians, Alaska, USA. *The Journal of the Geological Society of Japan* 113(8): XI–XII.

Okuno, M., Wada, K., Nakamura, T., Gualtieri, L., Brenn, S., Dixie, W., Torii, M. 2012. Holocene tephra layers on the northen half of Adak Island in the west-central Aleutian Islands, Alaska. *In* West, D., Hatfield, V., Wilmerding, E., Lefevre, C. Gualtieri, L. eds., *The people before: The geology, paleoecology and archaeology of Adak Island,*

Alaska. British archaeological reports, international series 2322. Archaeopress, Oxford, UK, pp.59-74.

奥野　充・和田恵治・鳥井真之・檀原　徹・ガルティエリ　リン・サラータ　ブレン・中村俊夫　2014「アラスカ、アリューシャン列島のアダック島でのテフロクロノロジー」『名古屋大学加速器質量分析計業績報告書』XXV、133-136頁。

奥野　充・Virginia Hatfield・Kale Bruner・藤木利之・中村俊夫　2016「アリューシャン列島、ウナラスカ島のダッチハーバー周辺の泥炭層の層序と年代」『国際火山噴火史情報研究集会講演要旨集』2016-2、13-17頁。

Savinetsky, A.B., West, D., Antipushima, Z.A., Khassanov, B.F., Kiseleva, N.K., Krylovich, O.A., Pereladov, A.M. 2012. The reconstruction of ecosystems history of Adak Island (Aleutian Islands) during the Holocene. *In* West, D., Hatfield, V., Wilmerding, E., Lefèvre, C., Gualtieri, L. eds., *The people before: The geology, paleoecology and archaeology of Adak Island, Alaska*. British archaeological reports, international series 2322. Archaeopress, Oxford, UK, pp. 75-106.

Talbot, S.S., Schofield, W.B., Talbot, S.L., Daniëls, F.J.A. 2010. Vegetation of eastern Unalaska Island, Aleutian Islands, Alaska. Botany, 88(4), pp.366-388.

van der Leeden, F., Troise, F.L. 1974. Climates of the States: a practical reference containing basic climatological data of the United States. Water Information Center, Port Washington. 975pp.

West, D., Lefevre, D., Corbett, A. Savinetsky, B. 1999. Radiocarbon dates for the Near Islands, Aleutian Islands, Alaska. *Current Research in the Pleistocene,* 16, pp.83-85.

A study of paleovegetational changes and settlements of the Aleut people in the Aleutian Islands, Alaska

Makoto Noguchi, Toshiyuki Fujiki, Mitsuru Okuno, Lyn Gualtieri, Virginia Hatfield,

Brenn Sarata, Masayuki Torii, Keiji Wada, Toshio Nakamura, Dixie West

The Aleuts are the indigenous people of the Aleutian Islands, where many past settlements have been discovered. In this study, we analyzed peat cores collected on Adak Island and Unalaska Island, and determined the ages of Aleut settlements from changes in the quantity of fossil pollen grains and charcoal chips.

On Adak Island, charcoal chips in sediment samples increased just above Intermediate tephra (ca. 7.2 cal kBP). Shell mounds have been discovered just above this tephra in other archaeological sites; we therefore conclude that the age of this Aleut settlement is ca. 7.2 cal kBP.

Peat samples from Unalaska Island suggest a record of human activity dating to ca. 2.0 cal kBP. Fossil pollen grains from the genus *Plantago*, which was historically sparged by humans, were detected in relatively large numbers, and many charcoal chips were stably detected. This evidence indicates the influence of ancient human activity, likely due to the proximity of this island to the Alaskan Peninsula.

特　集：環境史の視点で切り拓く地平＜視点3：生物多様性と文化＞

外来生物は「悪」ではなくて「害」である
Invasive alien species is not evil but harm

岸本　年郎　ふじのくに地球環境史ミュージアム・准教授
TOSHIO KISHIMOTO

要旨

生物多様性の重要性は20世紀後半から、多くの人々が認めるところとなり、そうした流れのなかで、外来生物問題の受容と対策の推進もこの20年間で急速に進んできた。一方で、外来生物対策への批判も散見されるようになっている。これらは誤解やミスリードに基づくものから、感情的なものまでいくつかの類型が見られる。特に外来生物を「悪ではない」、「罪はない」等、擬人的な比喩で外来生物を擁護する言説には、なかなか説得しがたい心情があるようだ。しかし、実害のある外来生物は、我々人類の生活の安定を守るための行為として、防除するものと捉えることが妥当であろう。また、外来生物問題は、普遍的な自然の価値とは何かを考える材料を提供するものであり、これからも考え、向き合っていく必要があるだろう。

キーワード

生物多様性保全　外来生物法　外来生物防除　外来生物対策批判

1. はじめに

　2017年の夏は外来生物「ヒアリ」の日本への侵入が大きく社会問題となった。ヒアリ侵入を受けて迅速に内閣レベルでヒアリ対策関係閣僚会議が開かれ、市民の安全を確保する動きが見られた。一方で、米国では本種に刺されることでの死亡例もあることから「殺人アリ」という恐ろしげな名前が付与され連日テレビや新聞で報道されたことで、結果、市民の不安をあおることにもなった側面がある。いずれにせよ、たった一種の外来生物が短期間にこれほど注目を集めた事例はこれまでになかったと言って良いだろう。ヒアリについては、単に人命にかかわるというだけでなく、他にも様々な影響があるために日本への定着を許してはならない外来生物であるが（岸本, 2017a・b）、一方で、人の生命・身体への被害が強調され、偏った騒がれ方が過剰であったことは否めまい。経済のグローバル化によって、これからも様々な外来生物が日本に侵入してくることが予測されるが、外来生物対策についての、反論や否定的な意見も散見される。本論では外来生物問題をどのように捉えるべきかについて、一試論を提示したい。

2. 外来生物問題の受容と対策の推進

　生物多様性（biodiversity）という言葉が国際的に浸透し、人間社会の発展においても、その保全が極めて重要な課題であることが認識されだしたのは、20世紀の終盤である。1992年に生物多様性条約が採択されたが、この条約は、まさに生物多様性の保全と人間社会の持続的発展という、一見相反する目的を、共に達成するために策定されたものである。生物多様性保全に立ちはだかる大きな課題として、外来生物問題が存在する。例えば、日本における国の基本的な計画として策定されている「生物多様性国家戦略2012-2020」においては、生物多様性の4つの危機が明示されており、それらは、①「第1の危機：開発など人間活動による危機」、②「第2の危機：自然に対する働きかけの縮小による危機」、③「第3の危機：外来種など人間により持ち込まれたものによる危機」、④「第4の危機：地球温暖化や海洋酸性化など地球環境の変化による危機」の4つに整理されている。このように

外来生物は生物多様性保全上の重要な課題の一角を占める問題と捉えられているのである。外来生物は世界各地で、生態系への影響、経済への影響、人間の生命や健康に対する影響等、数々の問題を引き起こしている。外来生物問題について包括的にまとめて示し、外来生物の影響の大きさと自然保護上の重要性を説いた嚆矢として、チャールズ・エルトンによる"The Ecology of Invasions by animal and Plant（1958）"を挙げることができる。本書は日本においては「侵略の生態学」の書名で、少し時を経た1971年に邦訳されている。1980年代以降、日本においても外来生物に関する問題を取り扱う書籍が多く出版され（例えば、川合他編, 1980、沖山・鈴木編, 1985、桐谷編, 1986、矢野編, 1988、鷲谷・森本, 1993、日本生態学会編, 2002等）、問題の重要性が日本でも専門家や自然愛好家を中心に認識されてきた。しかし、こうした課題が社会的関心事となり、市民や行政レベルで明確に意識されだしたのは、比較的最近のことである。1992年に生物多様性条約が採択されたことを受け、日本国内でも生物多様性に関する普及・理解が進み、同時に施策の進展があった。このような中で、外来生物の問題が重要な課題として認識され、その対策の必要性が発信されてきたことが、近年に外来生物問題が受容されてきた原因と考えられる。

　生物多様性条約では第8条（h）において"生態系、生息地若しくは種を脅かす外来種の導入を防止し又はそのような外来種を制御し若しくは撲滅すること"という締約国の義務が明記されている。そのような背景を受けて、日本でも「特定外来生物による生態系等に係る被害の防止に関する法律」が2004（平成16）年6月に制定、翌2005年6月に施行された。この法律は通常「外来生物法」と略称される。この法律の下では、生態系等への被害が認められる生物を「特定外来生物」に指定し、それらについて飼養、栽培、保管、運搬、輸入等を規制するとともに、防除を行うこととしている。ここでいう"生態系等への被害"には、①生態系の被害、②人の生命・身体への被害、③農林水産業への被害が含まれている。また、環境省は上記法律による規制・運用だけでは十分でない問題の解決に向けて、「外来種被害防止行動計画」及び「生態系被害防止外来種リスト」を2015（平成27）年に作成・公表した。これらは、地方行政や市民らにとって取り組みの指針となるような計画であり、特定外来生物に留まらず、被害を引き起こす、もしくはその可能性が高い外来生物の一覧である。地方自治体や事業者・NPOをはじめ広く国民が外来生物対策に関心を持ち、対策につながるよう促している。

　このような背景のもと、外来生物法施行後の十数年の間に外来生物の認知度については向上し、地方行政やNPOによる活動も増加している。例えば認知度で言えば、2001年には外来種問題について知っている人が58.4％、知らない人が19.3％だったのに対し（その他「言葉は聞いたことがある」というカテゴリーがある）、2014年には外来種・外来生物の意味を知っているという人は60.1％とほとんど変わらないものの、知らない人は5.3％と減少している（環境省自然環境局野生生物課, 2014）。この両調査の方法は完全に同一ではないものの、少なくとも外来生物問題を知らないという人の割合は、21世紀に入ってからの20年弱で、ずいぶん減ったことは間違いないだろう。また地方行政やNPO等市民による外来生物対策も増加しており、環境省が地方公共団体やNPO等に対して実施している生物多様性保全推進支援事業の交付金は、2008年度から2017年度にかけて88件が採択されているが、うち43件が外来生物対策に関連するものとなっている。また2007（平成19）年に滋賀県が生物多様性地域戦略を策定したのを皮切りに、都道府県もしくは市区町村単位での生物多様性保全のための戦略が次々に策定・公表されるようになり、静岡県でも本年（2018年）に「ふじのくに生物多様性地域戦略」を公表の予定である。こうした生物多様性地域戦略のなかには、多寡や強弱の差こそあれ、外来生物対策についての言及が必ず記載されているという状況である。このように外来生物問題は一般市民の認識のなかにも浸透し、行政やNPO等によっても全国各地で対策が進められるようになっている。そして、このような状況は、この20年程度の間に急速に浸透・拡大したものと言ってよいであろう。

3. 外来生物対策批判とそれらへの批判的コメント

　一方で外来生物による問題認識や対策が一般的になるとともに、外来生物対策への批判的な意見も目にするようになっている。これらの批判は書籍やエッセイなどで活字として出版されるものもあれば（例えばピアス，2016、池田，2005など）、インターネットのブログやSNSで綴られる言葉もある。今回の論考では出典をそれぞれ明記しながら論評してゆくだけの準備ができていないが、今後の議論を深めていくための一助として、これまで著者が見聞きしてきた言説のなかから印象深かったものについて取り上げ、それらについて、主に批判的なコメントを加えておきたい。

（1）「外来生物を殺すのはかわいそう」

　一般的によく見聞きする言説である。無論、無闇やたらに生命を奪うことは許される行為ではないし、動物愛護やアニマルライツの観点から、外来種防除の多くが殺処分を伴うことから、注目され、反対意見のあることは理解できる。また、これらの感情・理念が元となり、署名運動をはじめとして組織的に反対の運動を伴うこともしばしばある。しかし、往々にしてこのような際に俎上にあがるのは、大型であったり、美麗であったりする生物が防除対象となっている時に限られるようだ。在来生物への捕食の影響を防ぐためのノネコの防除や、遺伝的撹乱を防ぐためのアカゲザルやタイワンザルの防除を行う際の殺処分についての反対意見が顕著である。もちろん、動物愛護の観点から見ても、殺処分せず飼育ができれば良いのだが、限定的な予算と人員ゆえ、困難なことが多く、殺処分が現実的なことが多いというのが現状である。外来生物を殺すのはかわいそうだという意見に対しては、外来生物に捕食され、失われていく生命について、どのように考えるのかという問いかけを提示しておきたい。人間が直接手を下すのでなければ、見えにくいため気にならないかもしれないが、そのことにより個体レベルの生命ではなく、種レベルでの存在や、地域個体群レベルでの固有性が永遠に失われる生物がいるという可能性に思いをはせる必要性を強調しておきたい。

（2）「外来生物には罪はない」

　こちらも（1）とともに一般的によく見聞きする言説で、その後に「悪いのは人間である」との語が続くことも多い。この件について指摘しておきたいのは、「罪」や「悪」という人間社会や人間の思想上の観念を用いて、自然現象を捉え、理解しようとしていることの危険性である。そもそも自然界に、善悪や罪という概念を持ち込み擬人化することが科学的な態度ではないことはいうまでもないが、このような安易な擬人化により多くの人々が思索を放棄し、感情論に流されてしまうことで、見失ってしまうことが多いのではないか。こうした擬人的な感情論と「かわいそう」という感覚が一緒になると、目に見えにくい生態系への影響よりも、想像が容易な個体の生命に注目してしまいがちになってしまうのであろう。そして、「悪いのは人間である」というのはその通りで、外来生物を持ち込んでしまった人間である我々は、過去の行為を反省し、その対策を講じる責任があるのではないか。

（3）「外来生物の侵入で生物多様性が高くなる」

　ピアス（2016）では冒頭で、南大西洋の亜熱帯に位置するアセンション島の事例が紹介される。そこは、海洋島でありかつて溶岩に覆われ植物の種数も少ない島であったが、人間が生活するようになったこの200年間に、多くの外来植物が世界中から導入され、現在は外来植物によって鬱蒼とした雲霧林が形成されている。このことを評して、島の生態系は豊かになり、生物多様性が高まったというのだ。また、ハワイ諸島の事例も紹介され、「消える種より新しく入ってくる種のほうがはるかに多く、生物多様性は高くなった」、「ハワイ諸島に固有の顕花植物、いわゆる花を咲かせる植物はおよそ1500種を数えるが、外から新しく入ってきたものは実に1000種類を超える。そして絶滅が確認されたのはわずか71種だ。」と書かれている。ここでは種数は多ければ良いということが前提になっているようであるが、これはたいへん浅薄な見識による誤解と断じる他なく、生物多様性は種数が多け

れば良いというものではない。地域ごとに長い歴史的時間をかけて形成された生物相があり、その歴史の元に形成された、その場所固有の生物相・生態系が地域の生物多様性の価値である。大陸等他の陸塊との接続のなかった海洋島であれば、生物相が貧弱であることも含めて、その場所の生物多様性の特性なのだ。また、種という生物学的単位は、一種一種がそれぞれに固有の進化の歴史を持つ、ユニークな存在である。そうした観点からは、ハワイでは絶滅種が「わずか71種」と述べていることにも疑義を呈しておきたい。ハワイ諸島の13倍以上の面積を持つ日本列島における維管束植物の絶滅種は33種である（環境省編, 2015）。長い進化の歴史を経て地球上に誕生した唯一無二の存在である種は、絶滅すると二度と戻ることはないのである。それでも、ハワイ諸島の絶滅種数はわずかと言えるだろうか？

（4）「外来生物による影響は過剰に喧伝されている」

これもピアス（2016）の中で、取り上げられている言説である。また同書では、侵入生物学という学問領域自体に偏見と詭弁がはびこっていると断定し、「外来種恐怖症」という言葉も使われている。しかし、ここでなされている主張は、一部の研究の揚げ足を取っているに過ぎず、学問領域全体への批判には成功していない。一方で、すべての外来生物が問題を引き起こすかというと、そうではないだろうという点については筆者も同意見である。外来生物対策のなかで、予防原則の観点から、外来生物はどのような影響を引き起こすことがあるか不明のため、予防的に導入しないことが望ましいという議論がある。また、一般的に新たな外来生物がある地域で見つかった際に、よく「生態系に与える影響が懸念される」ということが言われることが多い。外来種の影響というのは、はっきりとわからないケースが多いことは確かであるが、すべての外来生物が被害を引き起こすと考えるのは早計であり、外来種のすべてを排除すべきというのは現実的でもない。しかし、一方で日本においてもフイリマングース（小倉ほか, 2002 等）、グリーンアノール（苅部, 2005）、オオクチバス（日本魚類学会自然保護委員会編, 2002）、アメリカザリガニ（苅部・西原, 2011）、アルゼンチンアリ（田付編, 2014）そしてヒアリ（岸本, 2017b）等、生態系等に与える影響が顕著で、明らかに侵略的な外来種をいくらでも挙げることができる。この言説に対しては、科学的なデータを明示し、どの外来種がどこでどのような影響・被害を与えているかを示すことで、反駁することが可能だろう。

（5）「外来生物のはびこる環境は破壊された環境である」

ピアス（2016）は、地球上の環境は既に人為によって撹乱されている場所がほとんどで、そうした場所では外来生物が「生物多様性を高め」、新しい秩序「新生態系（ニューワイルド）」を作り出しており、自然保護のためにもこうした外来生物が組み込まれた生態系を積極的に認めていくべきだと主張する。人間生活が肥大化して、在来の生態系の残された部分がわずかな都市地域の公園等においては、そのような言説にも一考の価値があるかもしれない。しかし、日本列島のような島嶼においては、生物相には高い固有性が認められる。このような島嶼においては、撹乱環境でない原生的ともいえる生態系にも外来生物は入り込み、固有種や固有の生態系に大きな影響を与え生物多様性の劣化を引き起こしている事例は枚挙に暇がない。「生態系被害防止外来種リスト」を見ると、生物多様性保全上重要な地域に侵入し、影響・被害を与えている外来種の事例をいくつも確認することができる。

（6）「在来種もかつては移入してきた生物である」

生物種は長い年月の中で移動し続け、分布域の拡大・縮小を繰り返し、現在の分布域を形成している。現在も分布を拡大しつつある生物種も数多くみられる。ピアス（2016）には、「自然はたえず流動しており、不変の生態系などほとんど存在しない（中略）いま起きている外来種の広がりも、最後の氷河期後に動植物が定着していく過程の続きと見ることができる。大きな時間の流れのなかでは、そもそも外来種というものが存在しない。（同書 p.91）」という文章がある。これは、外来種・外来生物という言葉の定義を無視した乱暴な言説である。そもそも外来種・外来生物とは、「過去あるいは現

在の自然分布域外に、意図的あるいは非意図的に導入（introduction）された（岩波生物学辞典 第5版）」ものである。導入は当然人間の手によってなされるものであり、生物が自律的に移動し、分布を拡大したものはこれに含まれない。ピアスがこのことを誤解（もしくは意図的に読者をミスリード）しているのは明らかである。例えば「気候変動の影響なのか、イギリスには外来種の鳥がよくやってくる。湿地帯だけ見ても、1960年以降に20種の外来種が到来した（同書 p.148）」と書かれているが、これらの鳥は人為的に導入したものではなく、自力でやってきたもの達であり、外来種でないことは自明である。生物が自力である地域にやってきたというのは、まさに進化の歴史のなかで起こっていることであり、それこそが生物多様性を形成する重要な原動力の一つである。外来生物の問題は生物の移動が人為によって、通常はあり得ない距離をあり得ない速さで生物が移動し、そしてそこにある在来種や生態系等に影響・被害を与えることが問題なのである。

　上記、(1)〜(6)に見られるように外来生物対策への批判には、感情論(1)、擬人化によるもの(2)、誤解（もしくは意図的なミスリード）に基づくもの(3)(5)(6)、一部の証拠に基づくもの(4)が認められる。うち、誤解や一部の証拠に基づくものについては、データに基づいた事実を提示することで、反駁が比較的容易である。しかし、感情論や関連して擬人化に基づく理解や心情というのは、なかなか払拭するのは難しいと考えている。多くの外来種対策批判には、外来生物は「悪」や「悪者」ではないという擬人的な言葉が用いられることがしばしば見られるが（ピアス，2016、池田，2006 等）、人類の生活の基盤である生物多様性保全を進める上において、間違った解釈やミスリードに基づく外来生物対策批判の台頭には今後も留意する必要があると筆者は考えている。外来生物は「悪ではない」「罪はない」というのは、なるほどそうかもしれないのだが、問題の本質はそこではないということを指摘しておきたい。

4. 「悪」や「罪」でなく「害」があるという観点

　外来生物法に基づく特定外来生物については、①生態系の被害、②人の生命・身体への被害、③農林水産業への被害を引き起こすものが指定されているということは既に述べた。この法律では生物が「悪」であるか「罪」があるかということが問題とされているのではなく、実際的な実害が生じるため、それらの飼養、栽培、保管、運搬、輸入等を規制し、防除を行うとしているものである。そして、この外来生物法の目的は「特定外来生物により生態系、人の生命・身体、農林水産業への被害を防止し、生物多様性の確保、人の生命・身体の保護、農林水産業の健全な発展に寄与することを通じて、国民生活の安定向上に資すること」とされている。このように外来生物の防除は決して、「悪」や「罪」ゆえ、ましてや外来生物が理由であるために行われているのではなく、「害」が存在するために防除を行っているのである。被害を防止するために生物の防除が必要なことは、外来生物に限ったことではなく、在来生物であっても農作物に被害を与え、人体に病原をもたらす害虫の防除や、農林業に影響を与えるニホンジカやイノシシに防除が必要であることは、自明である。こうした我々の生活を守る行為の延長線上に、外来生物の防除があると考えるのが妥当であろう。

5. 新たな自然観の構築に向けて

　生物多様性は人類に様々な恩恵を与えてくれる。近年は生態系サービスという言葉で、そうした自然の恵みが語られることも多い（Millennium Ecosystem Assessment, 2005）。この生態系サービスという概念は、簡単に言えば「自然は私たちに恵みをもたらしてくれるので、大事にしましょう」ということでわかりやすいのだが、一方でこれは人類の利己的な言い分であるとも言えるだろう。日本列島には、いや世界のどの地方、地域であれ、長い歴史的時間と、膨大な数の生物種の相互作用によっ

て作り上げられた生態系があり、その中にはユニークな存在としての種、個体群、個体が存在している。世界のどこにも一つとして同じ生態系や風土はなく、それらが集まり地球上の自然が構成されている。人は旅をし、知らなかった光景に出会い美しいと思う。そこに生える草木やそこにすむ鳥や虫の種も場所によって異なり、そうした風土に固有の文化が土地の人々により形成されてきた。そうしたものの総体として、景観・風景が形成されている。外来生物の蔓延は、そのような長い歴史によって形成された生物相・生態系に留まらず、文化的な固有性をも蝕むものでもある。そうした観点からは明らかな実害が認められない外来生物について、被害がないからといって存在を容認することも、筆者はできずにいる。外来生物は生態系サービスに留まらない、自然の普遍的な価値とは何かを考えるための好材料である。近代社会は物質による豊かさを求めるが故に、自然から多くのものを収奪し、自然や生物多様性を劣化させてきて、そのツケは人類の幸福に跳ね返ってきているのが現代である。劣化は著しいにせよ、幸いにして未だ日本の生物多様性は豊かで固有性も高い。そうした「豊かさ」を未来に継承するためにも、私たちはこれからも外来生物問題を考え、対峙していかなくてはならないだろう。

参考文献および註

池田清彦　2005『底抜けブラックバス大騒動』つり人社。
池田清彦　2006「はじめに」DECO編『外来生物事典』東京書籍、3-8頁。
川合禎次・川那部浩哉・水野信彦編　1980『日本の淡水生物—侵略と撹乱の生態学』東海大学出版会。
環境省編　2015『レッドデータブック 2015—日本の絶滅のおそれのある野生生物 8 植物Ⅰ（維管束植物）』ぎょうせい。
環境省自然環境局野生生物課　2014「平成25年度外来生物問題等認知度調査業務報告書」。
苅部治紀　2005「外来種グリーンアノールが小笠原の在来昆虫に及ぼす影響」『爬虫両棲類学会報』163-168頁。
苅部治紀・西原昇吾　2011「アメリカザリガニによる生態系への影響とその駆除手法」川合唯史・中田和義編『エビ・カニ・ザリガニ—淡水甲殻類の保全と生物学—』生物研究社、315-327頁。
岸本年郎　2017a「ヒアリはなぜ恐ろしいか」『文藝春秋』95（9）、86-88頁。
岸本年郎　2017b「ヒアリの日本上陸」『チョウの舞う自然』25、4-8頁。
桐谷圭治編　1986『日本の昆虫—侵略と撹乱の生態学』東海大学出版会。
Millenium Ecosystem Assesment 2005 Ecosystem & Human Well-being: Syhthesis. Island Press, Washington DC.（邦訳：横浜国立大学21世紀COE翻訳委員会責任翻訳　2007『生態系サービスと人類の将来』オーム社。）
日本魚類学会自然保護委員会編　2002『川と湖沼の侵略者ブラックバス—その生物学と生態系への影響』恒星社厚生閣。
日本生態学会編　2002『外来種ハンドブック』地人書館。
小倉　剛・佐々木健志・当山昌直・嵩山健二・仲地　学・石橋　治・川島由次・織田鉄一　2002「沖縄島北部に生息するジャワマングース（*Herpestes javanicus*）の食性と在来種への影響」『哺乳類科学』42、53-62頁。
沖山宗雄・鈴木克美編　1985『日本の海洋生物 - 侵略と撹乱の生態学』東海大学出版会。
ピアス、フレッド　2016『外来種は本当に悪者か?』草思社（原著：Pearce F. 2015. *The new wild: Why invasive species will be nature's salvation*. Beacon Press, Massachusetts.）。
田付貞洋編　2014『アルゼンチンアリ—史上最強の侵略的外来種』東京大学出版会。
鷲谷いずみ・森本信生　1993『エコロジーガイド 日本の帰化生物』保育社。
矢野梧道編　1988『日本の植生—侵略と撹乱の生態学』東海大学出版会。

Invasive alien species is not evil but harm

Toshio Kishimoto

The importance of biodiversity and problem of invasive alien species have been recognized since the end of 20th century. On the other hand, there are objections against measures against alien species. Critical opinions are often based on misunderstanding or emotion. However, it would be reasonable to consider that alien species that are harmful in nature are to be controlled as an act to protect the stability of our lives. The alien species problem provides materials to think about what universal nature's value.

特　集：環境史の視点で切り拓く地平＜視点３：生物多様性と文化＞

明治百五拾年．アキバ系文化蝶類学
Japanese Subcultural Lepidopterology, in the 150th Anniversary of Meiji Restoration.

保科　英人　福井大学教育学部准教授
HIDETO HOSHINA

要　旨
　一般に日本人は虫好きの民族と言われる。しかし，環境保全との観点で見れば，行政や市民の関心は一部の鳥獣に集中しているのが現状である。確かに日本人は虫好きであるが，その愛情はオモチャに対する執着と同質ではないかとも思われる。もっとも，本質はどうあれ日本人の昆虫観が世界でも特記すべきものであることは間違いない。本稿では昆虫の中でも蝶に着目した。そして，主に TV ゲームや PC ゲームなどいわゆるコンピューターゲームに登場する蝶を通して，日本人の蝶観を文化昆虫学的に考察した。

キーワード
文化昆虫学　文化蝶類学　アキバ系文化　昆虫愛　日本人

1．「日本人は虫好き論」を斜めから見る

　日本人と昆虫との関係が論じられる時、必ず強調されるのが古典、俳句、鎧兜、浮世絵などの日本の伝統文化に昆虫が扱われる好例を根拠としつつ「いかに我々日本人は昆虫が好きか」との自負である[1]。昨年夏にもフランス文学者の奥本大三郎が「日本では生活の中に虫がいる。しかし、西洋の子供はクワガタで遊ばない。ゴキブリとカブトムシの区別がつかないアメリカ人もたくさんいる」と欧米人と比較しながら、如何に日本人が古来昆虫に親しみを感じているかを力説している（平成 29 年 8 月 13 日付赤旗日曜版）。

　また、近代日本人の中にも「俺たちは特別に虫が好きな民族だ」との誇りがあったようだ。例えば、大正時代中頃の東京毎日新聞社の記者は、同社主催の「蟲聲會」を前にして「抑蟲の聲を樂しむと云ふことは實に我日本國民特有の趣味で外國では絶へてないのである」とまでいい切っている（大正 7 年 7 月 31 日付東京毎日新聞）。

　我らは虫好き大和民族なり、との矜持は決して日本人の独り善がりではない。外国人研究者もまた日本人の虫に対する親近感に対して「自分たちが虫に抱いている感情とは違う」と感じているのも厳然たる事実である[2]。

　以上、「日本人は虫好き」とは天下の通説なのである。もちろん、筆者とてこの通説に異を唱える立場ではない。しかし、日本文化における昆虫の比重の大きさを誇るあまり、虫好きがさも日本人の専売特許と取られ過ぎではないか、との危惧に言及したことがある[3]。

　2018（平成 30）年は記念すべき明治 150 周年である。ここらで今一度日本人の昆虫愛の本質を見直してもバチは当たるまい。以下、本稿では「日本人虫好き論」を敢えて"斜め"から見て、この通説にいくつかの疑義を列挙してみたい。

（1）日本神話における昆虫の"虫けら"扱い

　宮ノ下明大によれば「モスラのような昆虫怪獣は確かにあるが、昆虫は映画スターにはなれない」とのことらしい[4]。ここで時代は一気に奈良時代に遡る。日本最古の歌集である万葉集には鳥や鹿の鳴き声を詠んだ短歌や長歌は数多くあるが、虫の声が練り込まれた歌は極端に少ないという[5]。そも

そも、虫自体が万葉集には殆ど出てこない、との指摘すらある[6]。歌い手が当時の支配者層にほぼ限られている古今和歌集や新古今和歌集とは異なり、万葉集は天皇から農民、下級兵士などの多彩な階級の人々が作者であった。その万葉集収録の諸作品で昆虫の影が薄い、という重い事実は「日本人は古来虫好き」との説に暗雲が漂う。筆者の疑念は『古事記』『日本書紀』(いわゆる『記紀』)に記された日本神話を読んだ際にさらに強まった。

『記紀』にはトンボに因む有名な2つの逸話が掲載されている。1つ目は神武天皇が御巡幸の際、腋上の嗛間の丘に登られ、国の形を望見して「なんと素晴らしい国を得たことよ。狭い国ではあるけれど蜻蛉(あきつ)が交尾しているように、山々が連なり囲んでいる国だ」といわれた。これにより秋津洲(あきつしま)の名ができた(『日本書紀』)。2つ目は雄略天皇の御代。天皇は阿岐豆野へ狩りに出かけ座って休んでいた。するとアブが飛んできて天皇を刺した。さらにトンボが来てそのアブを食って飛び去った。天皇は「(前半略)手腓に虻かきつき　その虻を　蜻蛉早咋ひかくの如　名に負はむと　そらみつ倭の国を　蜻蛉島(あきずしま)とふ」との御製を詠んだ(『古事記』)。この2つのエピソードは古来日本人とトンボの繋がりの強さを示す証拠として、トンボ図鑑などで頻繁に引用されてきた[7]。

しかし、筆者はむしろ『記紀』神話に登場するトンボがセリフを与えられていないことに着目した[8]。『記紀』神話ではネズミやヒキガエルが神々に物申す場面が描かれている。つまり、これらの動物は神話中でキャラクター化されている。にも拘わらず、トンボは沈黙させられていることを鑑みると、『記紀』神話では昆虫の扱いは哺乳類や両生類と比較して数段下であると断定せざるを得ない。

また、筆者は『記紀』神話とギリシャ神話や中国神話、北欧神話、朝鮮神話などの海外神話と比較してみた。いうまでもなく各国神話は使用言語に加え、編集スタイルが全く異なる。例えば、『記紀』神話は韓国や東南アジア諸国よりも、むしろ物理的距離が遠いはずのギリシャ神話に特性が近い。一般に神話とは天地創造なら天地創造、死の起源なら死の起源と、それぞれが別個のテーマとなっていることが多いらしいが、日本神話とギリシャ神話には全ての物語が1つにつながった二次的編纂物との共通点がある[9]。よって、各国神話との統計的な比較は非常に困難であり結局のところフィーリングになってしまうが、「日本神話から醸し出される大和民族の昆虫に対する感情は海外神話と比較しても平均的なものしか浮かび上がってこない。端的にいうなら、他国同様日本神話でも昆虫は所詮虫けら扱いである」というのが筆者の結論である[10]。

なお、『古事記』とほぼ同時期に国ごとに編纂された『風土記』であるが、唯一完本が残る『出雲風土記』ほか、一部が後世に伝えられた他の国の『風土記』にも、昆虫にまつわるこれといった逸話や記録は収録されていないことも合わせて付け加えておく[11]。

(2) 近代日本海軍は虫の名を艦艇名に採用せず

奥本大三郎が赤旗日曜版に寄せた上述のコメントを引用するまでもなく、少なからぬ日本人は「アメリカ人より自分たちの方が昆虫に親近感を持っているはず」と信じ切っている。だが、果たしてそういい切れるのだろうか？筆者はその反証実例を近代日米海軍に見出した[12]。

1941(昭和16)年大東亜戦争開戦の頃、アメリカ海軍は「ワスプ」「ホーネット」との名の2隻の航空母艦(＝空母)を擁していた。共にスズメバチないしはジガバチを意味する艦名である。一方、強大なアメリカ海軍に立ち向かった我が連合艦隊であるが、大東亜戦争時の空母は「飛龍」「雲龍」「海鷹」「大鳳」「隼鷹」とドラゴンや鳥系の漢字がずらりと並ぶ一方で、アメリカ軍とは異なり空母の名に虫の名は一切登場しない。

空母以外の日本海軍の軍艦では「大鯨」「迅鯨」などの潜水母艦、「千鳥」「真鶴」などの水雷艇といった、クジラと水鳥に由来する名を持つ諸艦艇が戦争中活躍した。しかし、大東亜戦争を含む日本近代海軍約80年の歴史の中で昆虫由来の艦艇名は全く見当たらないのである。

どうやら日本海軍は軍艦に昆虫、というよりは無脚(ただしクジラは例外)、四つ脚、六つ脚の動物

の名を付ける発想をそもそも持たなかったらしい。海軍航空機に対しては「零式艦上戦闘機」(ゼロ戦)に代表される皇紀由来の機体のほか、「月光」「彗星」「強風」「紫電」などの天体や天候に由来する名前を命名した。なぜ日本海軍は"勝ち虫"ことトンボに因む「銀蜻蜓」(ギンヤンマ)「羽黒蜻蛉」(ハグロトンボ)などの勇名を空翔る戦闘機に与えなかったのか。

一方、アメリカ海軍は上述の「ワスプ」「ホーネット」の両空母ほか、戦闘機には哺乳類の「バッファロー」「ワイルドキャット」(ヤマネコ)などと命名したし、「シーライオン」(アシカ)という名の潜水艦も保持していた。また、水陸両方に着陸できる汎用機はグラマンJ2F「ダック」(アヒル)と名付けられた。このようにアメリカ海軍は動物に由来する命名に対してかなり柔軟な思考を持っていた。命名対象動物がほぼ鳥に限定されていた日本海軍とは雲泥の差がある。

日本軍は艦載機による真珠湾奇襲で「航空機は海上及び陸上戦力に勝る」ことを自ら実証しながら、肝心の自分たちが「戦艦や陸上歩兵こそが主兵力」との旧式の戦術観を変えられず、敗戦寸前まで航空兵力を軽視し続けた。その結果、日本陸海軍は壊滅した。にも拘わらず軍艦や戦闘機の命名の時だけは、地上の四つ脚六つ脚の動物には目もくれず、鳥と龍に想いを馳せ大空ばかり見上げていたわけで、皮肉といえば皮肉である。

太平洋を戦場として日米両海軍の間で競われた「昆虫含む各種動物たちへの親近感勝負」でも日本はアメリカに完敗したというわけだ。

(3) 近代日本には大金持ち華族昆虫学者が輩出せず

1884(明治17)年7月に華族令が制定され、公、侯、伯、子、男爵の5種の爵位及びその序列、華族の特権や義務が規定され近代華族制度が整った。維新後、華族たちは、公務(陸海軍人や官吏)、銀行業、交通業など様々な分野の職種に就いたが、そのうちの1つが博物学者である。研究に没頭できる時間と経済力を持ち、また専門書に触れる機会に恵まれた華族は趣味的な学問である博物学の世界に雄飛した。山階芳麿や鷹司信輔、黒田長禮・長久父子、島津忠秀、井伊直愛、蜂須賀正氏などがその代表である。ここで華族昆虫学者に対象を絞ると、小田部雄次は明治大正・昭和初期の華族昆虫学者として、仁禮景雄、高木正得、高千穂宣麿などを挙げた[13]。このほか、田中芳男、中川久知、土井久作なども華族昆虫学者の例である。

ここで華族学者と昆虫学の関係を鳥類学と対比させながら改めて"斜め"から見てみよう。華族鳥類学者の"鳥の公爵"鷹司は文字通り公爵で最上位の爵位を持つ。そして、同じく鳥類学者の山階、黒田父子、蜂須賀は侯爵である。鷹司は五摂家出身で旧公家として最高位の家格にあり、世間で貴族院議長候補と噂されたこともあるほどの政界の重鎮だった[14]。

一方、昆虫学者の中川は伯爵家の生まれであるが、28歳の時に分家して華族の籍を脱して平民となっている[15]。仁禮も同じく実家の仁禮子爵家から分家したのち平民として生涯を終えた[16]。土井は旧三河刈谷藩の土井子爵家の生まれであるが、当主ではないのでやはり爵位を持っていない[17]。となると、爵位持ちの昆虫学者は子爵の高木、男爵の田中と高千穂の3人が該当する。しかし、田中が爵位を得たのは死去半年前なので生涯の殆どが無爵位であったのに加え、維新以降は昆虫学者と呼べるほどの昆虫学関連の学術業績があったとは評し難い[18]。となると、残りは高木と高千穂の2人となるが、鳥類学の鷹司や黒田らと比較すると、高木・高千穂の両名の学界に寄与した功績は相当下回るといわざるを得ない[19]。

華族鳥類学者と華族昆虫学者との間には明瞭な爵位の差がある。公侯爵で構成される前者と伯子男爵及び無爵位者で構成される後者。この両者の家格の違いは単に「上から2番目まで」と「3番目から5番目まで」との序列で片づけられるものではない。公爵と侯爵は一定の年齢に達すると自動的に貴族院の籍が与えられる、いわば選りすぐりの華族であることを忘れてはならない[20]。

また、各華族家の爵位ごとの出自を大雑把にまとめると公侯爵は大大名(徳川本家、御三家、有力外

様大名）と五摂家・清華家クラスの公家である。一方、伯子男爵はそれ以下の大名や公家、神官、大大名家老の家から構成されていた。端的にいうと、爵位の差は経済力の差でもあった。エリート華族家の当主たちは昆虫に目もくれず、優雅に鳥類学に取り組む一方で、無爵位の虫好き華族は時には日々の生活の心配をしつつ、泥臭く昆虫を追いかけた[21]。1896（明治29）年に私立昆虫研究所を設立した民間人の名和靖も決して金持ちの道楽で昆虫を集めていたわけではなく、研究所経営は常に財政難に悩まされていた[22]。

　欧州の伝統的貴族と明治維新後に急速に制度化された日本の華族を同一視するのは必ずしも的確ではない。ただし、欧州では時折金満貴族昆虫学者が輩出したが、日本には結局敗戦まで大金持ち華族昆虫学者は誕生しなかった点は注記しておきたい。欧州と日本との間の風土の差、といってしまえばそれまでだが、これが日本の近代華族動物学者たちのある一面である。

（4）結論　日本人の昆虫愛はオモチャへの愛である

　上記(1)～(3)は「本当に日本人は虫好きなのか？」との疑念の根拠を、重箱の隅を突いて突いて引っ張り出してきたに過ぎない。筆者が提示した(1)～(3)の事例に対し、「いや、日本人の昆虫愛は世界に冠たるものである！理由はかくかくしかじか」とのアンチテーゼもまたいくらでも出てこよう。そこで筆者が「日本人は虫好きであること無条件で断じて認めるべからず」と主張したい最大の理屈を提示したい。

　それは希少種保全に関することである。筆者は環境省希少野生動植物種保存推進員と福井県環境審議会野生生物部会長を長く務めており、主に福井県内の希少昆虫の保全の問題に否応なく向かい合ってきた。本稿は希少種保護行政について論じる場面ではない。筆者が痛感させられた保全の問題の詳細については一連の概説[23-27]を参照していただきたい。本稿では「福井県や環境省は見た目が良い生き物ばかりカネをかけて保護している」との結論だけ申し上げておこう。筆者が最も事情に通じる福井県でいえば、コウノトリにしか県の保護予算が付けられず、希少昆虫は例え種の保存法対象種であっても完全に放ったらかしとの悲惨な現状がある。このような状況でも「日本人は昆虫が好き」などと堂々と主張できるのか。

　正確な時期は忘失したが、「世界中で保護対象として選ばれ、予算が付けられる生物は人から見て外見が良い動物ばかりで、その他大勢の絶滅危惧種は放置されたままだ」と糾弾するE. Smallの論文[28]が比較的最近のネットニュースの一面を飾った。Smallの指摘は希少動植物種の保全に取り組む人々の誰しもが感じていたことを文章にしただけだったとはいえ、反響はそれなりにあったと記憶する。もっとも、その後日本各地の保全行政が根本的に改められたとの話はついぞ聞かない。

　昆虫とは話が外れるが、日本人の植物に対する好感の深層について外国人による興味深い観察がある。明治政府の御雇外国人のグリフィス（1843-1928）とチェンバレン（1850-1935）という近代米英両国を代表する2人の知日派がいる[29]。米国人のグリフィスはその著書の中で「花の栽培技術では日本は優れている。この専門に関する限り、日本の花屋はほかの国の花屋をはるか後ろに引き離している」と称賛している[30]。一方、英国のチェンバレンも赤坂の旧御所の菊花の拝観日を「世界で最もすばらしい菊花展」と同様の評価を与え、様々な形や色の菊の花があることに驚嘆している[31]。

　これだけであれば、昆虫親近感につながる日本人の自然愛に対する近代米英知日派の好意的所懐であり、目出度し目出度しである。しかし、チェンバレンが「日本人は美しい国の山や谷間に咲く野花にほとんど関心を示さない。これは不思議なことである」と付け加えている点は見逃せない。いかがであろうか。100年以上も前に英国人に「日本人は見た目派手な花にしか関心を持たない」と貶され鼻白む思いを隠せないが、何となく現在の日本の外見よろしき生き物だけ保護するとの状況を見透かされているようではないか。

　とはいえ、我々は環境省や都道府県の「見た目よろしき生き物優先」の環境保全行政を非難しては

ならない。筆者はとある自治体の環境保全担当部署の職員から「首長は票になることしかしません」と身も蓋もない現実を打ち明けられたことがある。日本の行政は政治の指導下にあるというのがタテマエだ（そのはずだ）。つまり、共感を得やすい見た目を持つ動物にだけ潤沢な予算を付ける施策は大臣や首長が国民・県民・市民の民意に従った結果に過ぎない。国の官僚や県の役人の方を責めるのは筋違いだ。

　国民の民意に支えられたコウノトリその他見た目麗しき希少鳥獣への偏重保護や琉球固有のトカゲよりも野良猫の命の方が大事と主張する人々の存在、その他諸々から得られる結論はただ1つ。ようするに日本人は「カワイイは正義」なのである。そして、貴族のキツネ猟に反対し続けた英国の動物愛護運動、オーストラリアを拠点に暴れまわるシーシェパード、米国の見た目よろしき動物にのみ適用されるアニマルライツ運動を見ていると、どうやら「カワイイは正義」は洋の東西、半球の南北を問わず、人類の普遍的な価値観らしい。トキ、コウノトリ、アホウドリなど特定の愛らしい動物だけにカネを垂れ流す保護行政に取り立てて疑念を抱かない日本人は、「自分たちだけが自然保護思想の延長として昆虫を愛おしむことができる民族。我々は欧米人どもとは異なり、鳥獣も昆虫も同等に尊ぶ」などと自惚れぬ方が良い。そもそも、日本人は「自分たちは自然を大事に思う国民だ」と過信する傾向がある、と指摘する研究者もいるので[32]、自信過剰な点は各自すぐに改めるべきだろう。

　鳥獣の方が大事、昆虫なんぞ虫けら扱いでヨロシイ、と明言している懐かしのTVアニメの1コマがある。かの手塚治虫巨匠の『ジャングル大帝』でライオンのレオはシマウマやインパラなどの草食獣は仲間だから食わないと宣言し、ヒョウやチーターなどの同じ肉食獣にも草を食べるように強制する。当然、肉食獣たちは飢えに苦しむが、突如飛来したバッタの大群を食料として確保でき、危機を脱することができた、とのシーンがあった。"手塚治虫"のペンネームは甲虫のオサムシから採られたほど、手塚は生粋の虫屋である[33]。TVアニメは製作される過程で様々な人間の思惑や都合が作品に込められたわけなので、上記のシーンに対し手塚個人の主観が100％反映されているとは断言しがたい。しかし、『ジャングル大帝』で「シマウマがライオンに食われるのは可哀そうだが、バッタなら別に構わない」と描かれている事実はやはり重たいといわねばなるまい。

　「カワイイは正義」との絶対的主観からすれば、抱擁の対象から昆虫が外されるのは当然だ。ここで改めて「日本人は虫好き」との根拠を思い返してもらいたい。奈良平安期の古典や和歌、武家政権時代の昆虫をモチーフとした武具、江戸市中のスズムシ売り、昆虫に物の哀れを見顕す俳句。現代のカブトムシペット産業、ムシキングに代表される昆虫ゲームの数々、エトセトラエトセトラ。

　そして、現在オヤジ趣味と化しつつある昆虫採集。日本人が捕虫網を振り回すのが好きな民族であることは間違いない。1918（大正7）年8月日比谷公園で開かれた納涼祭の「蟲聲會」を主催する東京毎日新聞社が「会場に放虫するホタルや鳴く虫は自由に捕って良い」と事前通告したところ、当日は虫捕り網を持った大の大人が集結したぐらいである（大正7年8月5日付東京毎日新聞）。時代は下って自然破壊が深刻だった1970年代、昆虫採集は生命を蔑ろにする悪行であるとの風潮が存在した[34]。その後、昆虫以上に昆虫少年自体が激減の一途をたどり、平成も終わろうかとの現在、昆虫採集に対するバッシングも少なくはなった。逆に近年は虫屋が昆虫採集はいかに環境教育上有益なものか、人様に誇れる趣味であるかを力説する復権の動きが目に付くが[35]、筆者には相当反動的なものがあるように思えてならない。筆者が虫屋の業界に身を置いて25年。その経験からいわせてもらえれば、虫屋＝自然を大事にする人との図式は必ずしも成り立たない。切手やテレカ感覚で虫を集める愛好家はゴマンといる。虫屋のすそ野が広がることが環境保全にプラスに働くのかどうか、昆虫標本を集めることは美少女ゲームキャラのテレカの収集よりも健全な趣味なのか、筆者には確言いたしかねる。

　確かに世界に類を見ない昆虫文化が日本にあるといえるわけだが、つまるところ日本人の昆虫に対する愛情とは、オモチャへの愛である。和歌や短歌に昆虫を詠み込む創作活動は大層高尚な芸術文化

と思いがちだが、何のことはない。余暇的文芸に必要な題材即ちオモチャである。昆虫採集とて同じこと、風雅な余技などと鼻にかけるのは滑稽だ。現代人だけでなく、明治大正・昭和初期の近代日本人にとってもホタルは大量消費できる使い捨てのオモチャに過ぎなかった[36]。繰り返す。希少昆虫保護活動に日々尽力されている特別な人々は別にして、一般的な日本人は決して保全生態学的な意味で昆虫を取り立てて尊重する民族ではない。世界でせいぜい十人並と呼ぶべきであろう。

　筆者も愛国者の端くれ、外国の方から「日本人の昆虫愛はスゴイ！」と褒められれば喜んで拝聴させていただく。また、昆虫を通じた楽しみ方は人それぞれ。誰しもが分類研究に勤しむ必要はないし、保全活動のボランティアを強制されるいわれもない。昆虫を標本箱に並べたい人は精根傾けて蒐集すればよいのである。昆虫愛が本質的にはオモチャへの執着であっても卑下する必要は全くない。ただ、日本人自ら「俺たちの昆虫愛は他国に誇れるものだ」などと世界に吹聴する必要もあるまい、というのが筆者の徹底的に冷めた所感である。

2.　明治百五拾周年。新時代の昆虫の遊び方

　「日本人は虫好きと自称するが、それはオモチャへの愛情に過ぎない」というのが1章で導き出した筆者なりの結論だ。ただ、例えオモチャに向けられるものであったとしても、愛は愛である。さて、本年2018（平成30）年は明治150周年の節目の年だ。では、明治建国以降日本人は昆虫をオモチャとみなした如何なる遊びを開発してきたのであろうか？

　明治大正・昭和戦前期、日本人が商品として売買し、買った虫を鑑賞して楽しんだのはまずはスズムシやマツムシなどの鳴く虫[37]、次いでホタルである[38]。そして、ホタルについては各地で徹底的に乱獲され、東京や大阪の都心で大量に放虫されたり百貨店の景品として配られたりしたとの保全生物学史上の大きな汚点がある[39]。本稿の主題である蝶に話を限れば、1896（明治29）年に名和昆蟲研究所を設立した名和靖は遊び心に富んだ蝶の科学教材を世に送り出している。同じく名和靖が製作した蝶蛾鱗粉転写標本は学術標本としての価値もあるが、むしろその芸術性が高い評価を受けた。蝶蛾鱗粉転写標本とは蝶や蛾の羽の鱗粉を紙に移し、触角や厚みのある胴体などは実物を用いず絵画として描き、最終的には1頭の昆虫がいるかのように合成させたものだ。芸術品の蝶蛾鱗粉転写標本はモノによっては1冊25円もの価格で売られた[40]。現在の貨幣価値で20万円になろうかという高価な代物である[41]。

　戦後、鳴く虫の声を愛でる文化はすっかり廃れてしまった。戦前期、庶民は身近な縁日でスズムシやキンヒバリ、カンタンなど多種多様な鳴く虫を買うことができた。しかし、現在では玄人向けの専門店を除き、ホームセンターやペットショップで手軽に入手できるのはスズムシのみである[42]。また、現在先端IT技術を駆使した優れものの科学教材は数多いが、名和靖の作品のごとき製作者の情熱が込められた手作りの芸術的科学教材については筆者の頭にすぐ浮かび上がるものはない。一方、ホタルについては一般市民による売買の風習はほぼなくなったが、成虫の観察会だけは現在も各地で受け継がれている。一部では環境保全との美名のもと、ホタルの無差別放虫との保全生物学上問題のある習慣も強固に根付いてしまっている点は残念なのだが[43]。

　1970年代から20世紀末のポスト高度経済成長期は、生体の昆虫を趣味として楽しむ人々は採集行為を伴う昆虫収集家に限定されていた。筆者含む昆虫業界人、所謂虫屋は大体において保守的である。昆虫を使った新たな遊びを積極的に見出そうという人種ではない。しかし、1999年以降植物防疫法の輸入規制緩和により、外国産カブト・クワガタがペット昆虫として日本市場にどっと流れ込んだ。2005年には200万頭近い海外カブト・クワガタが輸入されていた[44]。保全生態学上良いか悪いかは別にして21世紀の日本人に全く新しい"昆虫遊戯"が提供されたわけである。さらに近年は小型昆虫の深度合成写真の撮影法が紹介され[45]、写真でメシを食うプロではなくても、訓練・工夫を重ねれば美麗な写真を撮影できるようになった。ネット上では芸術の域に達しようかとの多くの見事

な写真が展示されている。SNS 社会時代の到来と共に不特定多数の投稿者が昆虫標本写真の出来栄えを競うという、これも新たな昆虫遊戯の誕生といえよう。

　明治 150 周年の記念すべき 2018（平成 30）年、筆者は本稿で第三の新時代の昆虫遊戯を提案したい。クールジャパンを念頭に置いた昆虫標本関連用具の新たな工芸法、といえば堅苦しいが、ようするに昆虫用標本箱をアニメやゲームキャラでデコレートする"痛標本箱"作成遊戯である。車に痛車（いたしゃ）があるのだから、痛標本箱（いたひょうほんばこ）があってもいいだろ、との発想である。

　標本箱を自分の単なるお気に入りアニメキャラで飾ってもよいのだが、どのキャラをチョイスするかについては虫屋として拘りたい点である。筆者の痛標本箱を製作する際の美学は「標本箱に収蔵する昆虫の和名ないしは学名を装飾に用いるキャラの名前に掛ける（＝シャレを持たせる）」というものだ。

　技術的にはガンプラ塗装の最低限の知識と用具があれば、痛標本箱の製作は可能だ。しかし、最終的に完成させるにはかなりの愛を必要とする。筆者が試作した痛標本箱（口絵の上下。写真①―⑦）は以下の通り。

①アサクラアゲハないしはオトメムナビロコケムシ専用標本箱。文化昆虫学界で世界記憶遺産候補といわれる朝倉音姫でドイツ箱をデコレートしたもの。なお、朝倉音姫とは文化昆虫学界で人間国宝候補といわれる、かゆらゆか絵師によって世に送り出され、全国に多数のファンを持つ超有名キャラクターである。

②アサクラアゲハ及びアサクラコムラサキ、ないしはオトメムナビロコケムシ及びユメムナビロコケムシ両者を共に収納するための標本箱。前出の朝倉音姫とその妹の朝倉由夢で標本箱を装飾改造した。ちなみに、文化蝶類学の世界ではアサクラアゲハとアサクラコムラサキは「蝶界の朝倉姉妹」と称されている。

③サクラ専用標本箱。いわずもがな『カードキャプターさくら』の木之本桜を絵柄に採用した標本箱。サクラコガネやサクラデオキノコムシなど、接頭語に「サクラ～」と付く昆虫のほか、サクラの大害虫クビアカツヤカミキリの収納もできる汎用性の高い標本箱。

④オキナワホソコバネカミキリ専用標本箱。本種の学名 $Necydalis\ tamakii$ の種小名から向坂環（こうさか・たまき）を連想した標本箱（注、両者の結び付けは筆者オリジナルの閃きではなく某知人が最初に SNS 上で世に知らしめた）。

⑤ヒラタシデムシ属専用標本箱。シデムシ科のタイプ属であるヒラタシデムシ属の学名は $Silpha$ という。この属学名から To Heart2 のメイドロボのシルファを連想した。

⑥センチコガネ専用標本箱。90 年代の名作ギャルゲーで、今年 20 周年のセンチメンタルグラフティの略称が「センチ」であることからこの標本箱は生まれた。

⑦ヒアリ専用標本箱まじかるひありん。2017 年凶悪外来昆虫のヒアリが日本列島を震撼させた。そこで「まじかるひよりん」改め「まじかるひありん」が魔法少女デビューした。まじかるひありんは現在ぽんこつ魔法でヒアリ退治の最前線で活躍しているとの噂？がある。

　現在自動車の塗装はもちろんだが、国・県・市町村の行政や鉄道、観光業界など国内のあらゆる団体が"美少女化"を推進している。となると、昆虫業界も決して時代のバスに乗り遅れることがあってはならない。虫屋の皆さんも世界で 1 つしかない標本箱を自作してみてはいかがだろうか。

3. アキバ系文化に登場する蝶たち

　文化における昆虫の位置づけや人々の昆虫観を問うのが文化昆虫学だ。ただ、これまでの文化昆虫学の考察対象が古今和歌集で詠まれている虫や、江戸市中の虫売りなどの明治以前の時代の文化、ないしは正統派文学や詩歌、絵画などお堅い文化に偏りすぎではないか、というのが筆者の予てよりの持論である[46]。

第1図 『ブンブンロケット』
（アサヒ玩具）

第2図 台湾台北市R区中山地下街
（2017年9月筆者撮影）

第3図 台湾の蝶雑貨

本稿の主題は蝶なので、あまりお堅くない現代文化における蝶の役割についてみてみよう。1つは玩具なり日用品なりのモチーフである。第1図は筆者が名古屋の「まんだらけ」で購入した昭和（年代不明）のアサヒ玩具社の蝶の玩具『ブンブンロケット』だ。ゴムプロペラを回して空へ飛ばして遊ぶものらしい。どのような社内議論を経て蝶がモチーフとして採用されたのか、今となっては知る由もないが、単に「空を飛ぶ身近な昆虫」として選ばれたものに過ぎないだろう。第2図は筆者が2017年9月に台湾台北市を訪問した際に、R区中山地下街の噴水近くで撮影したものだ。台湾らしい亜熱帯の色とりどりの蝶たちが舞い飛ぶとのイメージである。第3図は同じく筆者が台北地下街の雑貨屋で購入したもの。マグネット式で冷蔵庫やスチール棚に着けておく雑貨である。

ただ、第1〜3図の蝶たちは単に玩具なり飾り付けなり雑貨なりのモチーフとなっているだけで、文化昆虫学的にああだこうだ考察したいものではない。「蝶は綺麗な昆虫だからモチーフになったのですね」で話は終わってしまう。これでは面白くない。そこで本稿では現代日本サブカルチャーの代名詞ともいうべきアキバ系文化、特にTVゲームやPCゲームなどのコンピューターゲームに登場する蝶を取り上げたい。なぜなら、後述するようにコンピューターゲームに登場する蝶たちは単に形のモチーフには終始しない、強烈なメッセージをユーザーに訴えかけているからである。

筆者は1章にて「日本人はオモチャとしての昆虫に愛を注いでいる」と述べた。2章では筆者自身の発案による新時代に相応しい？昆虫遊戯を提案した。この3章では調査対象とする日本文化を現代の既存のオモチャであるコンピューターゲームに絞り、それらゲームに登場する蝶類を取り上げ、そこから現代における日本人の蝶観、アキバ系文化蝶類学的考察を行うものとする。

もちろん、日本人の蝶を観る感性やその背景を明らかにしたところで、希少蝶類の保全に何の足しにもならない[47]。本稿は主観に主観を塗り重ねた文化論であることをお含みおき願いたい。

（1）人々の身近にいることとは裏腹に文化の中での蝶の相対的地位の低さ

そもそも『古事記』『日本書記』に登場する昆虫は多くない、と前述した。蝶にまつわる神話ないしは逸話といえば、『日本書記』皇極天皇の御代、東国の富士川のほとりの住人の大生部多（おおふべのおお）が"常世の虫"を祭るよう人々を惑わした結果、葛野の秦造河勝に討たれた、との逸話が挙げられる[48]。この"常世の虫"とは従来アゲハやクロアゲハの幼虫であると指摘されてきた[49]。もっとも、"常世の虫"とは蝶ではなく蛾のシンジュサンだ、との反論もある[50]。いずれにせよ、"常世の虫"が蝶であったとしても、虫を使った怪しげな宗教を吹聴した大生部多が討伐されたわけだから、この逸話から古代日本人の蝶に対する親近感は読み取れない。日本最古の歌集である万葉集でも蝶を直接詠んだ歌はない[51]。平安期に編纂された古今和歌集にも確実に生物としての蝶を題材としたと断定できる和歌はないという[52]。

時代は一気に飛んで、筆者が常日頃から文化昆虫学の考察対象としている明治大正・昭和戦前の所謂近代期、名古屋では「八事の蝶々」と呼ばれる蝶型の玩具が売られていた[53]。しかし、筆者はこれまで散々同時代の新聞を調べてきたが、画家や歌人などの芸術家や文人はともかく、近代日本の庶民人が格別蝶に親しみを持っていたことを窺わせる新聞記事を見出せていない。

　次に、室町末期に俳諧として生まれ現在に続く俳句であるが、現代俳句6500句を調査したところ、蝶はセミ、双翅目に続き3番目に高い頻度で俳句の題材とされ、全昆虫のうち16％を占めたとの分析結果がある[54]。また、未発表データではあるが、筆者はかつて指導学生の卒業論文のテーマとして平成23年から同26年までの朝日俳壇（朝日新聞に掲載される読者の投稿短歌及び俳句）と若越俳壇（朝日新聞福井県版に掲載される前者と同様の短歌及び俳句）の全ての歌に登場する昆虫を調べさせたことがある。その結果、昆虫を題材としていた全歌の中で、蝶と蛾を含む鱗翅目の登場頻度は朝日歌壇で20％弱、若越歌壇で14％弱となった。これら約15％〜20％との数字の評価は難しい。一見これらは高い数字のように思えるが、そもそも昆虫が登場する歌自身が朝日新聞掲載の全ての短歌及び俳句のせいぜい5％を占めるに過ぎなかった。となると、同紙に歌を寄稿した市井の詠み手が格別蝶に強く執着していたとはいい難いだろう。

　現代日本人と異なり、近代日本人は鳴く虫とホタルを愛でる文化に関しては江戸以来の伝統をよく守っていた[55]。しかし、上述の通り、その近代日本といえど庶民レベルでは、鳴く虫やホタルと比較して蝶に特別な親近感を抱いていた形跡は見られない。ようするに昆虫文化の中で蝶の扱いは軽いのである。

　これは一見不可思議である。モンシロチョウやモンキチョウ、キアゲハ、クロアゲハなど、我々の周りには都市部であっても、それなりに見た目麗しき蝶が普通に飛んでいる。この点は明治も平成も大差なかったはずである。逆に、東京のど真ん中に限定した話であるが、明治30年代の時点で既にホタルの乱舞は見られ難くなっていた[56]。それならばと近代東京人は地方から十万単位のホタルを掻き集め、放虫してまでホタル観賞を楽しんでいた。では、日本の庶民は鳴く虫やホタルと比すると、なぜこうも身近な虫であるはずの蝶に対して冷淡なのであろうか？

　以下、筆者の当て推量である。日本人には季節を重んじ、昆虫に物の哀れを見顕す文化がある。例えば、現代でも新聞のコラムで夏の到来を告げるセミが描かれることは少なくないし、明治期の新聞でもセミは季節の風物詩として情緒的に取り上げられていた（例えば、明治21年7月13日付福井新報、明治25年6月4日付郵便報知新聞など）。このほか、戦前には「伊豆の大島は日暮しの名所」とセミの行楽案内の紹介記事が新聞に掲載されていたほどだ（例えば、昭和9年7月24日付都新聞）。

　セミは当然のことながら、鳴く虫とホタルも共に成虫が鑑賞できる季節は限られている。日本の庶民が蝶に対して強い関心を持たない理由の1つは季節性の欠如ではなかろうか。モンシロチョウやキチョウ、モンキアゲハ、ヤマトシジミなど我々の極身近に生息する蝶の多くは春から秋まで成虫が出現する。これは一瞬の命を尊び、物の哀れに価値を見出す日本人からすれば面白みのない昆虫、と取られても仕方がない。ifをいい立てるのは無意味だろうが、春の女神とされるギフチョウが仮に春から秋まで長期間成虫が見られるのであれば、平成の蝶の愛好家はしばしば迷惑視されるほどの捕獲圧をギフチョウにかけるであろうか？そんな妄想まで筆者は抱いているのである。

　もっとも、日本文化の中で蝶は軽んじられているといっても、それはあくまで鳴く虫やホタルと比較した場合に相対的な地位が低いとの話に過ぎない。ハエやトビケラなどと比べれば蝶は丁重に扱われているに決まっている。実際、本稿の論考対象であるアキバ系文化の所々で蝶は堂々と舞い飛んでいる。次節以下からその事例を見ていくこととしたい。

(2) 日本人は蝶と蛾を厳密に分けたがる？

　動物分類学的にはチョウはLepidoptera（鱗翅目）内のシャクガモドキ上科、アゲハチョウ上科、セ

セリチョウ上科の3上科の総称である[57]。端的にいうなら、チョウはガの一部に過ぎない。つまり、学術的には「蝶と蛾」との並列表記はおかしいのだが、日本人はとりわけ蝶と蛾を厳密に分けたがる民族だ、と某蝶類学者の方から聞いたことがある。逆を返せば、地球には蝶と蛾を一緒くたとして扱う民族が少なくないというわけだ。ただ、文学史の観点から平安貴族は蝶と蛾を明確に区別していなかったらしい、との指摘もあるので[58]、「蝶と蛾は全くの別物」との現在の感覚が日本人生粋のものかどうかは筆者には判定しがたい。

確かに英語でも butterfly と moth と表現するように、この2つの生き物を言語的に区別はできる。しかし、日本語の「蝶類学」を一単語で英訳することは不可能だ。これは筆者のイギリス人の友人にも確認を取ったから間違いない。よく使われる Lepidopterology は鱗翅学であって、ガを含む全ての鱗翅目昆虫を研究対象とする学問名だから、蝶類学の直接の英訳語ではない。

SNS の Facebook に欧米人中心の「Cultural Entomology」（文化昆虫学）とのマニアックな非公開グループがある。メンバーの一員である筆者はかつて「日本人では蝶に対しこれこれの印象を持っているが、蛾についてはそれそれと捉えている。お前らの国ではどうだ？」と質問をしたことがあるが、頓珍漢な回答しか得られなかった経験がある。どうやら、彼らは蝶と蛾を厳密に区別していないらしいと筆者は改めて気づかされたわけだ。確かにアメリカの昆虫学者ルーシー・W・クラウセンは昆虫文化について論じた名著『昆虫のフォークロア』の中で蝶と蛾を分けて立項しているが、両者を対比させて比較考察するとの発想はあまりないように思える[59]。

一応、動物分類学に携わる筆者とて、蝶と蛾の間に一線を引かねばならぬとの呪縛があるようだ。例えば、文芸評論家の小野俊太郎は「怪獣モスラはなぜ蛾なのか？」の問いに対して、「日本人にとって馴染み深いカイコである必要があった」との解を導いた[60]。筆者は小野のこの解に対し「これではモスラが蝶でないことの説明になってない」と納得しきれなかったが、このような不満を持つこと自体、筆者が「チョウはガの一部」との分類学的真理を心底から受け入れていないことの証でもあるわけだ。

なぜ、日本人は頑なまでに蝶と蛾を一緒にしたくないのか。所謂蛾でも美麗種は多々いるから、「蝶は美しいが蛾は汚い」では回答になっていない。筆者寡聞にしてその理由を大真面目に論じた文献を知らないが、とあるPCゲームで「自分は蝶だ。蛾じゃない‼」と強硬にアピールするキャラ

第4図　『妹スパイラル』のココロ
（©まかろんソフト）

クターには心当たりがある。2013年発売のPCゲーム『妹スパイラル』に登場する異世界から来たフェアリーのココロは見た目可憐ながら性格は生意気だし、主人公やヒロインたちにいじられるポジションにある（第4図）。彼女らに「ココロは蛾じゃん」といわれると、ココロが「自分は蛾じゃねえ、蝶だ！」とむきになって反論する場面が何回かある。また、ココロは主人公に「お前はオオミズアオのように桜の葉っぱを食っとけ。オオミズアオは綺麗な羽を持っているぞ」とからかわれ一瞬喜ぶのだが、「オオミズアオは蛾かよ‼」とやっぱりガッカリするのである。

上記『妹スパイラル』は蝶と蛾を同列に扱いたくない日本人の発想の一例なわけだが、類例は探せばほかにも出てきそうだ。理屈はどうあれ、多くの日本人にとって「チョウはガの一部」との科学的事実は心情的に馴染めないものなのである。

(3) 霊性生物としての蝶

蝶を霊魂の化身ないしは冥界からの使者とみなす。つまり、蝶に霊性を見出す発想は奇しくも東洋と西洋の両方で見られる。古代ギリシャ人は、人の霊魂は死後にチョウの形をとって体から解

き放たれると考えていた。その霊魂のシンボルがチョウの羽を持った美女のプシュケー（psyche）である[61]。ギリシャ神話をベースにした80年代の日本の大ヒットコミック『聖闘士星矢』にも冥界から送り込まれた監視役の蝶フェアリーが登場する。また、ナチス時代のドイツの作家フリードリヒ・シュナックの名著「蝶の生活」収録小説「ホメロスの蝶」では、ギリシャの叙事詩人・ホメロスの死の際、アポロウスバシロチョウがホメロスの髭に囲まれた唇に止まっている情景が描かれている[62]。さらに、ヴォルガ川流域に居住するマリ人には、吸血鬼と結びついた蝶にまつわる伝説がある。ブベル（吸血鬼、鬼火、魔女の特性を合わせ持った悪しき霊怪）は体を七竈の棒で打たれ、体を焼かれても死体の口から蝶の姿をとって逃げ去ることができるという[63]。

　中国にも蝶を冥界からの使者とみなす逸話がある。晋の義熙年間（405-418年のこと）。葛輝夫という男がいた。彼は妻の実家に泊まっている時、怪しい2人の男がやって来た。葛は「曲者！」と判断し、棍棒を振り下ろしたが、2人の男は無数の蝶に変身した。そのうちの1頭が葛のわきの下にぶつかると、彼はばったりと倒れ息絶えた[64]。

　日本人もまた蝶に霊性を見出した。お菊虫（＝ジャコウアゲハの蛹）の怪談は有名だが、中世の説話集『発心集』収録の「佐国、華を愛し、蝶となる事」には亡父が蝶になって人の夢に現れるとの話がある[65]。次に、江戸後期の文政元年人形浄瑠璃「傾城倭荘子」の道行「二世の縁花の台」を初演とする、現代の歌舞伎舞踊「蝶の道行」との演目がある[66]。作品中では恋仲の男女が死後に蝶となって花々を飛び交う様子が演じられるのだ。このほか、新潟県にも魂が蝶となる昔話がいくつか伝わっている[67]。

　では、海外はいざ知らず、日本人はなぜ蝶と霊魂を結び付けたのか。今井彰は「古代風葬された死体を遠くから見つめた場合、乱舞する蝶の群れが見えれば、死者の霊が蝶に化身したように思えたのではないか。もしくは、土葬した後に墓の周辺の花に飛来する蝶を見て、死者の霊を感じたのではないか」と考察する[68]。しかし、筆者はもっとシンプルに推察した。蝶の中には人含む動物の死体から吸汁するものがあるから（第5図）、単に人間の遺体に群がる蝶を間近で見て、人々は蝶を霊魂とみなしたのではなかろうか。

　蝶に霊性を重ね合わせた事例を挙げるのはこれぐらいにしておこう。東洋と西洋の双方が蝶に対して共に霊性を持たせているわけだが、ユーラシア大陸の東西でそれぞれ独立に同類の発想に至った点が重要である。人類は蝶に対し単純に美しいとの称賛の目で眺めたくない生き物なのだ。日常生活中、蝶に霊的な何かを感じる現代日本人は相当変わり者であろうが、アニメやゲームの世界では魂の器（うつわ）と化した蝶、また現実世界と別世界を繋ぐ霊体としての蝶の事例がいくつも見られる。

　2004年のTVアニメ作品『この醜くも美しい世界』は商品DVDパッケージやオープニングアニメを含め、とかく蝶で満ち溢れている。また、ストーリーの結末に近い第11～12話なると、画面は森の上空に舞う赤い蝶の大群によって埋め尽くされる。ストーリーは「形のないものに与えられた仮の姿。この世にまだ生まれてはいないが、生まれるかもしれない命のかけら。それらを世にふりまくには、入れ物が必要だから」と説明されている。そして、エンディングでは、蝶の大群は地球外に飛び去ったように思える描写がある。「この醜くも美しい世界」の蝶は、あらゆる生命の器であって人と限定されているわけではないが、蝶を魂の器（うつわ）に置き換えた一例である。

　一方、よりホラーの度合いが増し、死の匂いをまき散らす蝶が登場するのが2003年発売のPS2ゲーム『零～紅い蝶』である（第6図）。本作は見るからに恐ろしい

第5図　アメリカザリガニの死体から吸汁するウラギンシジミとルリシジミ
（2017年9月21日敦賀市中池見湿地にて筆者撮影）

第6図　『零〜紅い蝶』
(©TECMO, LTD. 2003)

第7図　『真夏の夜の雪物語』の神城優樹菜
(©2011 EX-ONE)

数々の怨霊や心霊現象がプレイヤーの前に立ちはだかる3D画面タイプのアクションアドベンチャーゲームだ。ゲーム中では、迷い込んだ陰気な森の中で主人公の背後から大量の蝶が舞い上がったり、主人公の双子の姉の首につけられた赤い手の跡から紅い蝶が放たれたり、心霊写真に蝶が紛れ込んだりと、とにかく蝶が節目節目で登場する。

　上記2作品中の霊魂や死霊のような縁起の悪さとは無縁ではあるものの、夢と現実世界を繋ぐ媒体、または願う想いの結晶としての蝶が描かれている適例がある。2009年発売のPCゲーム『ナツユメナギサ』では開始直後からブルーの美しい蝶が薄笑い声と共に場面狭しと舞う。序盤から中盤ではこの蝶は単なる不思議な妖精として扱われているが、終盤に蝶の正体が明らかになる。ヒロインの歩は恋人を船舶事故で失うもその事実を受け入れられず昏睡状態に陥る。実は、ブルーの蝶は歩の夢の中に存在する永遠の夏の島に現実世界の人々を誘う霊体であった。歩は亡き恋人と夢の中で再会を果たし、その中で無数の蝶たちは歩に取り込まれて消え、物語はクライマックスとなる。アメリカ・インディアンのある部族には蝶が夢を運んでくるとの伝承があるらしいが[69]、『ナツユメナギサ』では逆に蝶が人を夢の世界へ引き込むのである。

　2009年発売のPCゲーム『ボクの手の中の楽園』も蝶が深く関わる世界観となっている。本作品では主人公が離島エーデルで蝶の伝説に触れるところから物語は始まる。この世界では蝶は「世界各地に生息するとされる伝説上の生物。『こちら側』と『あちら側』の世界を自由に行き来することを許された唯一の存在」と設定されている。『ボクの手の中の楽園』でも上述の『ナツユメナギサ』同様、異世界間を渡る霊性生物としての蝶が描かれていると見做せよう。

　筆者がもっとも奇異に思えたのが2011年発売のPCゲーム『真夏の夜の雪物語』に登場する蝶である。日本人なら誰もが知る雪女伝説と天女伝説をモチーフとした純愛ストーリーだが、物語は伏線の連続、非常に複雑に良く練り込まれていて、筆者には2、3行で本作品の粗筋を纏める自信がない。物語の終盤、天女の子孫である雪女の神城優樹菜が氷の蝶で辺りを包み、町全てを凍てつかせるシーンがある。そして、同作品中のパラレルワールドでは天女が降らせる雪は小さな願いの結晶と説明される。そして、その世界の雪女の優樹菜はこの幻想的な雪を無数の氷の蝶へと変化させ、蝶たちを1つの結晶に統合させた後に破壊した (第7図)。その結果、悲劇の連鎖は断ち切られ、物語はハッピーエンドとなるのである。

　我々が良く知るポピュラーな雪女の昔話に昆虫は登場しない。厳冬を舞台としているのだから当然である。となると、『真夏の夜の雪物語』で描かれる雪女と蝶の組み合わせは一見奇想天外にも思える。しかし、よくよく考えると、上記の場面で優樹菜が操る大量の飛行生物としては蝶しかあり得ないことがわかる。雪ちらつく夜に舞う生物は白色か青白色が好ましく、また天女の小さな願いの結晶となれば脆く儚いもののはずだ。これらを満たす生物は蝶を置いてほかにない。そんなわけで半ば必然的に、青白色の蝶たちが一瞬の間だけ"真夏の夜の雪世界"に群れ飛んだのである。

（4）怪しさ及び妖艶さを醸し出させる蝶

「晴らせぬ恨みをはらす」がコンセプトの『地獄少女』という一連のシリーズ TV アニメがある。2005 年放送の第 1 期のオープニングアニメの冒頭がいきなりお菊虫ことジャコウアゲハなのだが、オープニング中何回もジャコウアゲハが画面を横切る仕様となっている。また、本作品の商品 DVD パッケージもとかく蝶で彩られている。『地獄少女』で描かれる蝶は作品が持つ伝奇性を増幅させる存在なのだ。

蝶が寄り添うのは大概において女性であって男性ではない。フェアリーのごとく羽を備えて蝶の化身となるのもこれまた女性である。大の男が蝶の羽を背負うのはギャグシーン限定だ。その理由は蝶が持つ美が女性を彷彿させるとしかいいようがない。しかし、では美の象徴であるはずの蝶がなぜ伝奇性や霊性を帯びた存在として見られるのか？

実は蝶の美しさに魅せられた近現代の蝶コレクターとは異なり、古来一般の人々は蝶が卵、幼虫、蛹、成虫と劇的に姿形を変える現象に感嘆するというよりは、何か得体のしれない怪しさを感じ取っていた。特に全く動かない蛹から成虫が飛び立つ姿を見て、蝶を復活の証、ないしは死者の霊魂と見做したのはある意味当然である[70]。

女性―美―蝶―怪しさが 1 本の線で繋がると、自ずからその到着地点が見えて来る。蝶を性愛と重ね合わせる発想だ。確かに現代日本の水商売系の店舗で蝶が描かれた看板を見ることは珍しくない。アキバ系文化の中でも、2006 年放送の深夜 TV アニメ『パピヨンローゼ New Season』は、蝶と性が結び付いた作品である。『パピヨンローゼ New Season』はヒロインたちが蝶をイメージさせるパピヨン戦士に変身して戦うアニメだ。本作は徹底的にセクシー路線を貫いており、とてもゴールデンタイムに流せる代物ではなかった。

『パピヨンローゼ New Season』はどちらかといえば「健康お色気」系作風で、これはむしろ少数派に属する。むしろ、女性が蝶と合することによって、色香に加え、怪しさや妖艶さがキャラクターに付与されることの方が多い。2012 年に TV アニメ化されたライトノベル原作の「アクセルワールド」の舞台は近未来。人々は生活の半分を仮想ネットワーク上で送っている時代である。人はニューロリンカーと呼ばれる携帯端末で仮想世界にはいり、そこではアバターとよばれる仮想体で交流している、との設定だ。本作のヒロイン黒雪姫（スノーブラック）のアバターが蝶なのであるが、美少女の彼女は見た目こそ清楚なお嬢様だが、その素性は謎に満ちている。蝶が黒雪姫の魔性を強調しているわけである。

エロチシズムとしての蝶を巧みにイラストに用いるのがアキバ系絵師の八宝備仁先生である。蝶の羽を背負わせる美少女イラストは八宝先生の得意とする画風だ。『八宝備仁画集　紅蝶』（コアマガジン、2017）ではたくさんの蝶たちが艶やかに胸元を大きくさらけ出した女性にまとわりつく画が表紙となっている。余談ながら、同画集の表紙には小さく赤い毛糸玉を転がすフンコロガシも描かれており、八宝備仁先生は昆虫に相当関心を持たれている絵師であることは間違いないだろう。

人気アクション TV ゲーム『戦国無双 4』に登場する濃姫は蝶によって妖艶さが強調される女性キャラクターだ（第 8 図）。胸が露骨に強調されている衣装を身に纏っているのは第 8 図の通りだが、濃姫が無双奥義と呼ばれる必殺技を繰り出すと、死の匂いを漂わせた紫系の無数の蝶が乱れ飛ぶのである。それにしても妖艶な濃姫には蝶が良く似合う。なお、余談ながら、同じく戦国時代を舞台とするアクションゲーム『戦国 BASARA』シリーズに登場する濃姫も大変な美女であるが、やはり得体の知れなさ、妖艶さを持ち合わせたキャラクターとして描かれている。不思議といえば不思議な一致だが、この手のゲームでは、得てして織田信長は狂気じみた、どこかイカれた暴君として描かれがちだ。となると、その妻である濃姫が夫の背中から三歩引いて歩き、3 つ指ついて信長の帰宅を出迎える、との良妻賢母型女性ではシナリオが成り立たないのかもしれない。信長抜きで濃姫を描くことは

第8図 『戦国無双4』の濃姫
(© コーエーテクモゲームス)

第9図 『蠱蝶の夢』のエル
(©WitchFlame)

不可能だからである。史学の観点でいえば、濃姫に関する歴史資料は殆ど残っておらず、従って彼女の実像は未だ明らかになっていない。にも拘わらず、現代のゲームなどで濃姫がステレオタイプに妖艶に描かれがちな点はこれはこれで興味深いのだが、それは本稿の主題から外れるのでこれ以上言及しない。

最後に2011年発売のPCゲーム『蠱蝶の夢』ではタイトルの如く、ゲーム中幾度となく蝶が飛び交うシーンがある。正体不明のエルなる少女は、姉が交通事故で植物状態となり悲嘆にくれる主人公の前に突如現れる。物語序盤エルはいわば淫魔に近い存在だ。エルは主人公の周囲の女性を惑わせ、また情欲を掻き立てていく。そしてエルの魔の力の媒体となるのが鮮烈に輝く仄かに赤い蝶である（第9図）。『蠱蝶の夢』でも蝶はエルの怪しさ及び妖艶さを詳らかにする生物なわけである。

(5) 不吉さ及び陰惨さを強調する蝶

上記の霊性の保持と強く関係するのだろうが、蝶は不吉を象徴する生き物でもあった。鎌倉幕府の公的歴史書の『吾妻鏡』には宝治元年（1247年）6月の宝治合戦に先立つ同年3月、幅一丈にもなる黄蝶の大群が鎌倉の町を乱れ飛び、兵革の前兆であるとされた有名な逸話が記載されている。建保元年（1213年）5月の和田合戦終了3ヶ月後の8月にも大量の黄蝶が発生したとの記述がある。宝治元年の黄蝶は戦乱の予兆を表す物騒な生き物なわけだ。後者の建保元年の場合は和田義盛の敗死で勝敗は決しているとはいえ、合戦の余震は収まりきっていない。実際、黄蝶が大発生した同年8月の翌月の閏9月には合戦に敗れた和田義盛の与党の土肥惟平が斬られている。動乱とは直接関係がないが、宝治2年（1248年）9月にも黄蝶の大発生が2回記事になっている。黄蝶の出没が何回も『吾妻鏡』に記されている以上、編集者は黄蝶の大群を不気味と感じとったわけである。ようするに『吾妻鏡』の中で黄蝶は不吉な昆虫として扱われているわけだが、同書では黄蝶以外の昆虫にまつわる逸話が殆ど記録されていないことにも合わせて留意する必要がある。それだけに『吾妻鏡』で描かれる黄蝶の不吉性は一層際立っているといえよう。

現代サブカルチャーでも蝶に対する人々の恐怖感を利用する技法がある。例えば、筆者の手元に『拷問少女』（一迅社、2017）という画集がある。22人のアキバ系絵師たちによる古今東西のマニアックな拷問具で責められる2次元少女たちの画集で、まあ率直なところ趣味は大変よろしくない。決して人様に見せびらかせる代物ではない。この『拷問少女』の表紙や中身の至る所にピンクや紫の蝶が描かれている。特に蝶が掲載画の一部を構成しているわけではない。これらの蝶は拷問による読者の恐怖感を増幅させるイラストなわけである。

蝶が持つこのような恐ろしさ、不吉さを挿入ムービーに生かし切ったゲームがコーエーテクモゲームス製作のPS4用ゲームソフト『よるのないくに』（2015）及び『よるのないくに2　新月の花嫁』（2017）である（第10図）。私事で恐縮ながら、筆者は大阪日本橋のソフマップで『よるのないくに』の新作デモ画面で大量の蝶が乱れ飛ぶシーンに度肝を抜かれ、直ちに購入予約した経験がある。

『よるのないくに』『よるのないくに2』共に中世ヨーロッパを彷彿させる世界を舞台としたアクションRPGだ。『よるのないくに』のゲームを開始すると、OPアニメーション中は厳かなBGMが流れ

第10図　左：『よるのないくに』（©2015 コーエーテクモゲームス）
　　　　右：『よるのないくに2　新月の花嫁』（©2017 コーエーテクモゲームス）

第11図　『スクイの小夜曲』
（©CLEARRAVE/BUGSYSTEM）

「かつて人類は妖魔の長、夜の君との戦いに勝利した。しかし、夜の君は散り際に汚れた血を撒き散らし、その蒼き血を浴びたものは姿形を変え、邪妖と呼ばれる存在に転じた。邪妖は人々から夜の世界を奪っていった…」とのオドロオドロした世界観の説明がなされる。そして、そのムービーの背景でブルー系の不気味な蝶が漆黒の闇夜に大量に舞うのである。『よるのないくに2』も前作の世界観をほぼ引き継いだ作品となっており、挿入ムービーでやはり同じ蝶が乱れ飛んでいる。これらの蝶が不吉で恐ろしい世界観をユーザーに植え付ける存在であることは明らかである。

　さらに蝶が帯びる恐怖性を陰惨さの域にまで高めて作品中に導入したのが2015年発売のPCゲーム『スクイの小夜曲』だ（第11図）。本作を開発したBUGSYSTEMの名前自体が昆虫を表しているし、そのロゴも蜂をモチーフとしている。クリエイター陣に昆虫に関心がある方がいるとも思われるが、それは筆者の憶測でしかない。

　『スクイの小夜曲』の商品パッケージでは蝶がヒロインたちを取り囲んでいるほか、ゲーム中の設定画面やタイトル画面にも蝶が描かれている。本作はヒロインが彼氏と"キャッキャウフフ"する純愛ストーリーでは決してなく、寄生生物に支配された人間の策謀によりヒロインたちは次々と悲惨な運命に見舞われる。ストーリー中では「寄生虫の女王による繁殖云々」との描写があり、ユーザーにミツバチやスズメバチに類した生物の存在をイメージさせる作りとなっているが、不思議なことに蝶は作品物語中に一切登場しない。『スクイの小夜曲』における蝶はあくまでストーリーには直接関与しない背景デザインに徹しつつ、ヒロインたちの陰惨な宿命を暗示させる存在なのである。

（6）状況次第で明暗を逆転させる背景デザインの蝶

　第12図は2016年6月、筆者が東京五反田駅前のレミィで見かけた広告看板である。この看板で描かれる蝶が表徴するのは華やかさや穏やかさだ。また、2015年11月〜12月、兵庫県の伊丹市昆虫館は「さなぎツリー」なる展示を行った。これは高さ150cmのクリスマスツリーが用意され、そこに蝶の蛹を取り付け、来客にクリスマスを感じながら蝶の羽化を観察して貰おうという企画である（第13図）。ここではクリスマスと蝶が格別な意味で結びつけられているとは考えにくく、蝶はツリーの装飾の1つに過ぎないと見なすべきだろう。

　つまり、蝶は置かれた状況によっては、上記のやれ霊魂だのエロチシズムだの陰惨だのといったダークなイメージを一切醸し出さず、単なる装飾デザインになりきることが可能な昆虫でもある。これは蝶が持つ両面性といい換えることもできる。

　蝶が持つ両面性を巧みに使い分けているのが、我が国が世界に誇るボーカロイドの初音ミクだ。初音ミクの公式プロフィールは年齢や身長、体重などの数少ない項目に限定されていて、性格などの細

第12図　東京五反田駅前のレミィにて
(2016年6月撮影)

第13図　伊丹市昆虫館の
「さなぎツリー」
(同館学芸員の長島聖大氏撮影)

部は未設定のキャラクターだ。様々なクリエイターたちが各人の自由な発想でミクを表出できるようにするためである。

セガのリズムアクションゲーム『初音ミク Project Diva』シリーズには様々な楽曲PVが収録されている。そして、PVに登場する蝶がそれぞれの楽曲のジャンルに合わせた描かれ方をされることで、歌い手の初音ミクにその楽曲限りのキャラクターを付与している。例えば楽曲「サイハテ」のPVでは、初音ミクは軽快なPOPに合わせ、メスアカムラサキ？らしき蝶が舞う長閑なお花畑をバックに歌う。ここでのミクは国民的アイドルに相応しいオーソドックスな美少女といったところ。一方、楽曲「キャットフード」のPVでは鉄格子の檻の中で自らの脚をなでる艶めかしい初音ミクが活写される。この「キャットフード」の世界では、どことなく訝しいピエロがミクのバックバンドとなり、怪しげな雰囲気漂うサーカスのショーステージの檻やブランコの至るところに蝶型のアクセサリーが飾られているのだ。これは正に本章(4)で述べた妖艶さを醸し出させる蝶の一例でもある。このほか、2016年発売のPS4用ソフト『初音ミク Project Diva - X』でも挿入ミニストーリー中にミクらボーカロイドたちが霊的な蝶を目撃するシーンがある。さらに、『初音ミク Project Diva』シリーズには「蝶」と呼ばれる、蝶をモチーフとしたセクシー系のミクの衣装もあるのだ。このように、初音ミクはとかく蝶と縁があるボーカロイドである。

　さて、筆者が渋谷や原宿の繁華街を歩く女子高生を観察する機会なんぞあるはずもなし、せいぜい所属する地方大学の女子大生のファッションが目に入る程度だ。実社会で蝶がデザインにされたりモチーフになったりしている女性用アクセサリーやドレスがどれだけあるのか、筆者には見当がつかない。ただ、二次元虚構のゲーム世界には、髪や衣装にデザインとしての蝶を侍らせるヒロインに何人か心当たりがある。以下ヒロインのタイプ別に列挙してみた。

　純真・可憐　2011年発売のPCゲーム『夏雪』のヒロイン沢渡夏雪とその従弟にあたる主人公の沢渡葛の幼少時の出会いにて。葛は夏雪の麦藁帽子の白リボンを紋白蝶（モンシロチョウ）と見なしていた。夏雪は全てを包み込む優しさを持ったヒロインであり、彼女が身に付けているワンピースとリボンは共に白であり、モンシロチョウは夏雪の純白性の象徴である。夏雪が着込む浴衣もまた蝶が紋柄となっている。

　2012年発売のPCゲーム『倉野くんちのふたご事情』の4人姉妹ヒロインの1人である倉野弥恵の浴衣には花柄に混じって少数の蝶が描かれている（第14図）。とかく癖が強い姉妹たちの中で、ただ一人弥恵は純情可憐、お淑やか、お菓子作りが得意という正統派ヒロインだ。弥恵が着こなす浴衣の蝶は彼女の愛くるしさをユーザーに再認識させる。

　また、2009年発売のPCゲーム『ひだまりバスケット』のメインヒロインの1人の湊深美はおっとり系で世話好きな幼馴染だ。主人公と夏祭りにやってきた深美の浴衣の絵柄はピンクの可愛らしい蝶

だけで構成されている（第15図）。
　さらに2014年放送のTVアニメ『グラスリップ』は第34回福井三国花火大会とのコラボ企画として、三国限定バージョンのポスターやクリアファイルが販売された。そのクリアファイルにはデフォルメされた蝶がプリントされた浴衣を着た同アニメヒロインの深水透子が描かれている。透子もアクがない正統派ヒロインに分類されうるかと思う。
　このように蝶がデザインされた浴衣を身にまとう美少女キャラはいくつか類例が挙げられるが、どの場合でも「同一作品中のヒロイン集団の中で蝶柄の浴衣は1人だけ」との暗黙のルールのようなものがあるらしい。花柄の浴衣はキャラ同士でかぶっても許されるから、この点は対照的である。蝶柄浴衣はキワモノとまではいかないまでも、ある種の希少性が宛がわれているようである。

高慢ちき　2011年にTVアニメ化された『僕は友達が少ない』のヒロインの1人、柏崎星奈は蝶の大きな髪飾りを付けている。彼女は金持ちのお嬢様、容姿端麗、頭脳明晰といった一見非の打ちどころがないが、実は高慢ちきな少女である。アニメやゲームの世界では蝶型の髪飾りがやや悪い意味で気位の高さを強調する場合が珍しくない。
　2006年発売のPCゲーム『青空の見える丘』の2人のメインヒロインの片割れの速水伊織はスタイルがスレンダー、家は小金持ちの都市派、プライドが高く、ややツンデレの気がある。もう一方のメインヒロインの西村春菜はグラマー、ド田舎出身の純朴少女、性格は素直と伊織とは対照的な位置づけである。ユーザーに人気投票させればまず間違いなく春菜が伊織に圧勝する。伊織が髪飾りとする蝶、しかも真っ黒の蝶が彼女の気位の高さを顕示しているように思える。
　2013年発売のPCゲーム『カルマルカサークル』の高坂夕姫羽は「他人を利用して生きているからエコ」との発想を持つ生意気系ヒロインである。彼女もまた伊織同様、蝶の髪飾りを身に付けている。
　2008年発売のPCゲーム『春色桜瀬』のヒロイン愛沢撫子は優等生でありながら素直になりきれず、また物語前半は裕福な家の令嬢ということもあって、かなりの我儘、そしてどこか高慢さを漂わせる少女である。撫子の浴衣は蝶がデザインされており（第16図）、気位が高い彼女に良く似合っている。いうまでもなく上記の「純真・可憐」の弥恵及び深美とは真逆の事例である。
　このほか、2010年発売PCゲーム『ぐらタン』に登場する三ツ谷桐花は人を見下し口よりも先に手が出るヒロインだが、暴力を振るうと蝶に変身してしまうとの厄介な魔法をかけられている、との設定だ。このように蝶が高慢や気位のシンボルとして使われている事例は非常に多い。

妖艶　2013年発売のPCゲーム『ナイものねだりはもうお姉妹』は主人公が複数の姉妹に迫られるとの展開で、姉妹モノ美少女ゲームとしては王道といってよい。この類のゲームの場合、まず例外なく姉妹のうち必ず一人は色気を前面に押し出してくるセクシー系・妖艶系ヒロインとなる。『ナイ

第14図　『倉野くんちのふたご事情』の倉野弥恵
（©2013 CUBE All Rights Reserved.）

第15図　『ひだまりバスケット』の湊深美　（©2009 eufonie）

第16図　『春色桜瀬』の愛沢撫子
（©2008 Purple software）

第17図 『ナイものねだりはもうお姉妹』の雨宮美咲
（©2013 Aries）

第18図 『みらろま』の有魔摩利 （©2005 Marmalade）

第19図 『箱庭ロジック』の前園霧架
（©2014 Cabbit/Sky Fish All Rights Reserved.）

ものねだりはもうお姉妹』の場合、この役割を与えられているのが雨宮美咲で、同作品登場の姉妹系ヒロイン4人のうち美咲の髪飾りだけが水色系の蝶となっている（第17図）。特に本作登場のヒロインたちは揃いも揃って派手な髪飾りを付けているが、美咲だけが蝶を装うことで一層彼女の妖艶さが際立つ結果となっている。

怪しさ　日本人と欧米諸国人との意識の間の決定的な差の1つがキリスト教の呪縛があるか否かである。キリスト教文化圏に属さない日本人は魔女に本来付与されている宗教的な意味に無関心でいられた[71]。宗教に対し徹底的に無頓着な我々は魔女や魔法少女をヒロインとして崇めることに全く抵抗がない。とはいえ、魔法少女とは人外の術の担い手であることに違いはない。種々の魔法少女アニメ（例えば『魔法少女プリティサミー』や『カードキャプターさくら』）のように、魔法少女自体がメインヒロインとなれば純情可憐、天真爛漫な女の子としての役割が与えられるが、サブヒロインに回るとどこか影がある少女として扱われるのはやむを得ぬところか。

前掲、PCゲームの『妹スパイラル』に登場する5人の妹ヒロインの一人が魔女の凛火だが、引っ込み思案で常にほかの妹たちの後塵を拝する役柄だ。どこか怪しく暗さが漂う彼女の2個の髪飾りが蝶で、また魔女の必須アイテムともいうべき魔女帽子にもやはり大きな蝶が1頭とまっている。

2005年発売のPCゲーム『みらろま』でも5人のメインヒロインの一人が魔女の有魔摩利だが、彼女はストーリー序盤から怪しさや奇行ばかりが目立ち、疑惑はあまり解消されぬままエンディングとなる。そして、彼女の浴衣には派手な蝶がデザインされている（第18図）。そもそも蝶と魔法少女と組み合わせの相性は中々良いらしい。魔女の使い魔として蝶型のフェアリーは種々のファンタジー作品の世界の常連であることもここで指摘しておかねばなるまい。

欺　瞞　2014年発売のPCゲーム『箱庭ロジック』はミステリーADVに分類されるゲームで、メインヒロインの1人は前園霧架という。霧架はクールで綺麗との評判で一見オーソドックスな美少女のように思えるが、実際はコミュニケーション障害の似非ミステリーオタクとの裏の顔を持つ。さらに言動は上から目線と来れば、霧架は正統派ヒロインとは程遠いタイプに違いない。さて、彼女の頭左側にはブルーとブラックの蝶の髪飾りが添えられている（第19図）。本人の意思はどうあれ、派手な蝶が彼女の実態を覆い隠しているかのようである。

以上、徒然なるままに頭に浮かんだ蝶の衣装や髪飾りに縁があるヒロインを純真・可憐、高慢ちき

妖艶、怪しさ、欺瞞の5タイプに分類した。ここで挙げた蝶は全て純粋にデザインとしての位置づけでしかなく、生物として存在しているわけではない。物語展開に積極的に影響を与えるものでもない。その点、霊魂の化身として描かれる蝶とは似て非なるものである。上記の初音ミクの事例同様、美少女ゲームのヒロインたちのアクセサリーやドレスのデザインとしての蝶も「純情」と「ダーク」の両面性の意味がある。ケースバイケースだといってしまえばそれまでで、何かはっきりとした傾向が見えてくるわけではない。

ただ、筆者の憶測ながら1点指摘しておきたい。蝶が衣装のデザインとして用いられる場合、上記のように蝶がヒロインに持たせる意味は一様ではない。しかし、巷では髪は"女性の命"といわれているらしいが、なぜか蝶が髪飾りと化して止まり木として選ぶ髪の持ち主の女性は殆どの場合気位が高いか、妖艶か、怪しさ爆裂少女などであって、なぜか純真純朴型の少女の髪ではないのだ。もっとも、2008年発売のPCゲーム『キスよりさきに恋よりはやく』はゲーム中で蝶を演出として多用し、またメインヒロインで正統派美少女の朝霧乙姫は蝶の髪飾りを身に着けている。ただ、乙姫の髪飾りはカチューシャの変形のような物で蝶の原型を全く留めていない。第19図のような蝶そのものの髪飾りとはかなり様相が異なる。

どこか影がある少女の髪ばかりに添えられる蝶。この点は性格が真逆のヒロインが共に蝶の絵柄の浴衣を着ていることと対照的である。この点は摩訶不思議であるが、筆者は未だ上手い解釈を見いだせていない。

4. サブカルチャーから見えて来る日本人の蝶観とは？

(1) 日本人固有の昆虫観は存在するか

筆者は1章で「日本人の昆虫愛とはオモチャへの愛にすぎない」と切って捨てた。とはいえ、「日本人がかなりの虫好き民族であることは確か」とも述べた。ならば、日本人と他国の間の昆虫愛の差異が本質的なものなのか量的な大小に過ぎないのか、つまり日本固有の昆虫観は存在するのか、との議論になる。もっとも、文化は数値で相対化できるものではなく、従って民族文化間の明確な違いが質の差か量の差か、との命題に回答することは決して容易ではない。筆者のフィーリングを述べさせてもらえるならば、日本人の昆虫愛は量的に他国を上回っている、という比較的白けたものだ。例えば、江戸市中のスズムシ売りは日本人の特殊な感性として誇られることが多いが、欧州各国でもコオロギの声を楽しむ文化は存在した[72]。つまり、鳴く虫鑑賞は決して日本人の専売特許ではない。また、日本のホタルを愛でる文化もとかく称賛されがちだが[73]、南アメリカや西インド諸島の先住民は発光性コメツキムシをランタン代わりに用いるという[74]。日本人のホタル観賞は文学的、コメツキムシのランタンは実用的、だから日本の方が文化的に高尚だ、などと粋がる必要もあるまい。発光性甲虫の利用との意味では同等である。さらに、日本では奈良時代以降昆虫が描かれた各種工芸品や絵画が後世に伝えられたわけだが[75]、それは西洋とて同じこと。例えば、英国には18世紀後半の宰相小ピットをバッタに準えた風刺画がある。この絵は小ピットが税金と圧政によって国を崩壊させるとの反首相派の皮肉が込められているわけだ[76]。農業害虫バッタのこのような扱いは西洋も東洋も大して変わるまい。

筆者が所属する、前述のFacebook「Cultural Entomology」(文化昆虫学)との非公開グループ内での情報交換でも「日本人も欧米人も昆虫に対する発想そのものはそんなに変わらないな」と感じることが多い。一部の日本人の中には昆虫をモチーフとした我が国の昆虫グッズ、昆虫アートは世界に類なき物と思い込む風潮があるように思えるが、決してそんなことはない。「Cultural Entomology」では海外の昆虫グッズ(アクセサリーやアート、リュックサック、衣装、食器など)が頻繁に紹介されている。

「Cultural Entomology」の中で、日本と他国の昆虫グッズに1点の差を見出すとすれば、デフォル

第20図　台湾の国立歴史博物館特別展のクワガタムシ型アクセサリー
（2017年9月22日撮影）

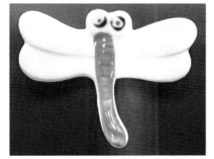

第21図　筆者所有のトンボ型箸置き

メの有無であろうか。「Cultural Entomology」で欧米人らがアップする昆虫グッズはどれもこれもリアルかつ精細にできている。モチーフとなった昆虫のフォルムを大きく逸脱していない。第20図は筆者が2017年9月に台湾の国立歴史博物館の特別展で撮影したアクセサリー展の一コマである。写真のクワガタはキラキラとにかくド派手であるが、輪郭自体は生物としてのクワガタに近いことがわかるだろう。一方、第21図は筆者所有の日本のトンボ型箸置きであるが、原型を相当逸脱したデフォルメ体となっていることは一目瞭然である。

では、なぜ日本にはデフォルメした昆虫グッズが数多く存在するのか。そこにこそ「カワイイニッポン」「クールジャパン」に繋がる何かしらの文化的背景があるのかもしれないが、その問いについて筆者はこれといった推察に辿り着けていない。

(2) 現実の女性以上に虫好きに"させられる"二次元虚構世界のヒロインたち

日本人の昆虫に対する感性は世界で全く類を見ないもの、とまではいい切れるまいというのが前節で述べた筆者の感想である。とはいえ、日本人の昆虫への親近感は量的には世界トップクラスであることは疑いがない。ここで"クールジャパン"、特にコンピューターゲームの世界での昆虫を取り巻く事情、特にゲーム内での人と昆虫との関係について総括してみた。

80年代半ばのファミコンの大ヒットから現在まで続くTVゲームの隆盛により、多くの子供が捕虫網を振る前にコントローラーを手にしがちなのは否めない事実だ。このような世相の中「最近の子供は自然に親しまずTVゲームばかりする」と最新電子機器ゲームを批判的に見る虫屋は少なくない[77]。ただ、本稿はゲームやアニメの教育上の是非論を論考するものではない。伝統的ナチュラリストからすれば虫が好かない現代日本サブカルチャーといえども、クリエイターが日本人である以上、アキバ系諸作品には日本人の昆虫観の何かしらが反映されているはずである。では、どのような人と昆虫との関係が諸作品に投影されているというのか。

恋愛ストーリーが紡がれる美少女ゲームに限れば、物語の舞台は田舎か、せいぜい地方都市であって、東京や大阪のど真ん中ではない[78]。学校帰りに渋谷でデートするカップルは現実では極ありがちな存在だが、二次元虚構の世界では中々出くわさない。日本人なら誰しもが里山の原風景や小さな港町に大なり小なりノスタルジーを覚えているから、というのもその理由の1つだろう。男性ユーザーは普段は大都市の便利さを享受しているくせに、美少女ゲームの世界の中ではなぜか都会を荒んだ地とみなすらしい。よって、男性ユーザーの分身である美少女ゲームの主人公は二次元ヒロインとお手て繋いで「あべのハルカス」の展望台には登らないのである。また、良くも悪くも美少女ゲームに登場するヒロインたちは大抵純真、可憐、誠実、温和で男性プレイヤーから見て都合のいいキャラクター設定だ。そして、正否はともかく、我々は都会の人間は一般的に田舎在住者よりも冷たいとの印象を持ちがちだという[79]。そんなこんなで、二次元虚構の世界では純朴なヒロインを登場させるためにも、田舎や地方都市的な舞台がせっせと提供されるわけだ。大型ショッピングモールどころかまともなコンビニすら存在しないド田舎が舞台のPCゲーム『Air』（2000年発売）の大ヒットは筆者の

記憶に今なお鮮明である。ゲームファンたちは、仮想世界の田舎に激烈な郷愁を覚えつつ、人込みをすり抜けて都心ど真ん中の秋葉原や日本橋にグッズを買い求めに殺到するわけだから、間抜けといえば間抜けである。

美少女ゲームのヒロインたちは田舎が舞台との設定上、必然的に自然の昆虫との物理的距離が近くなる。そして、昆虫に対し柔和な視線を送る田舎在住の美少女ゲームヒロインは珍しくない。もちろん、現実社会では生まれが地方の女性だからといって、生き物好き、虫に平気とは限らない。これは生まれも育ちも福井の女子大生と常日頃から接している筆者がいうのだから間違いない。昆虫が好きか否かは生まれ育った場所とは原則関係なさそうだ。

しかし、現実社会のリアルな女性と比較すると、美少女ゲームのヒロインたちは明らかに虫好き方向に誇張されている。どうやら男性ユーザーには昆虫を含む生き物全般が好きな女性＝慈愛に満ちているとの思い込みがあるようだ。クリエイター側としては「ヒロインの田舎出身の純朴性」を演出するためにも、彼女らに虫好きとの性質を与えておくことはキャラクターやストーリーの設定都合が良いのではなかろうか。

もちろん、このような美少女キャラ設定を実社会の女性がどう評価するかはわからないし、「現実離れしている」と一笑に付すことも可能である。ただし、男性ユーザーの「女性はこうあって欲しい」との勝手な妄想がゲームのヒロインたちの嗜好に反映されているとすれば、あながち虚構世界のお伽話と片付けることもできないだろう。

（3）様々なタイプのヒロインと相性が良い昆虫

美少女ゲームのヒロインは「犬猫が苦手」は何とか許されても、「犬猫が嫌い」はNGだ。犬猫がキライ＝冷たい女の子との確固たる図式が我々の感覚の中にあるので、理想化された二次元ヒロインにはあるまじき性格だからである。よって、犬猫なんて不潔と宣う極少数のヒロインはほぼ例外なく作品中の悪役である。もっとも、犬猫が大好きとの性癖を持つヒロインは珍しくないが、それが強烈な個性の1つとして描かれることはあまりない（例えば2001年発売の『みずいろ』の神津麻美）。犬猫は現実社会のペットとしてあまりに馴染み深い存在なので、程度はともかく犬猫好きで当たり前、よってヒロインに付与するキャラ設定に与える影響は却って少ないからだ、と筆者は解釈している。

しからば昆虫はどうか。美少女ゲームの世界では少なからぬヒロインたちは虫好きの傾向があると（2）で述べた。ただ、そうはいっても所詮虫は虫。大抵の場合、彼女たちは犬猫への愛情と同等のものを虫に注いでおらず、虫への親しみ表明はある種の珍奇性と捉えられる。犬猫に対しては不可だが昆虫への不快感の表明はもちろん許されるので、虫嫌いを公言するヒロインもまた珍しくない。だが、それ故に作品中でヒロインたちの虫への愛や嫌悪が特記されれば、彼女らの個性を演出できるとの一面もある。

ヒロインたちに何らかの個性を付与するとの意味で、昆虫は実に使い勝手の良い存在である。例えば、家がお金持ちで全てに万能、周囲に高圧的なヒロイン。大抵ゲーム序盤は主人公の敵として振る舞うお嬢様タイプだ。でも、彼女は昆虫が大の苦手で、ある日彼女の背中にイモムシが潜り込んでしまい大パニック。そこを偶然通りかかった主人公が助け、その後お嬢様の主人公を見る目は一変する…。書いているだけで小っ恥ずかしくなるベタな展開だが、「完全無欠に見えるお嬢様系ヒロインでも、虫という弱点があってそこが可愛い」と思わしめる便利なツールとして昆虫が使われることが少なくない（例えば、2016年発売PCゲーム『夏の魔女のパレード』のキャロル・メルクリス（第22図））。

このほか、引っ込み思案でただただ大人しいと思しきヒロインにボソッと「この虫可愛い」と呟かせることで、彼女にも周囲を引かせる意外な一面があることを演出できる場合がある。ここでは少女の特異な感性の具現として昆虫が利用されているわけだ（例えば、2014年発売PCゲーム『恋する姉妹の六重奏』の美浜紗香）。

第 22 図 『夏の魔女のパレード』の
キャロル・メルクリス
(©HOBIBOX/Wonder Fool All Rights Reserved.)

第 23 図 『アッチむいて恋』の八乙女優由
(©2010 ASa Project)

また、幼少時からひたすら元気いっぱい、天真爛漫だった田舎系ヒロインもまた多い。そのような場合、純朴さの強調として「子供の頃は虫ばかり捕って遊んでいた」とヒロインに白状させれば手っ取り早く方が付く（例えば、2010 年発売の PC ゲーム『アッチむいて恋』の八乙女優由（第 23 図））。

さらに、幼馴染のヒロインが昔から主人公と仲良しだったことをアピールせんと「昔は一緒に虫を捕ったよね」と回顧するシチュエーションもまた多い。2008 年発売の PC ゲーム『FORTUNE ARTERIAL』に登場する主人公の幼馴染姉妹の悠木かなで・陽菜姉妹はその好例である。作品問わず昆虫は幼き日々の夏の懐古の象徴として頻繁に登場する。

こうして見ると、昆虫は如何なるタイプのヒロインであっても組み合わせられることがわかる。従来図書室に籠る文学少女だけは昆虫と無関係と筆者は思っていたが、2016 年発売の PC ゲーム『カノジョステップ』の如月のえの登場でその常識は覆された。のえは文学少女兼昆虫オタクとの仰天設定だ。でも、シナリオ担当の技量が良いせいか彼女の言動にそう違和感は覚えない。どうやら同じヒロインの中で文学愛と昆虫愛の両立は可能らしい。まさに昆虫は何でもござれの万能生物なのである。

二次元虚構の世界での少女と動物との関係、との観点で見るならば、「犬、猫、小鳥」と「昆虫」の対照性がきっかりと浮かび上がる。前者は作品中で主人公のパートナー、つまり準主役の地位を獲得できる存在感がある（各種魔法少女もののアニメを思い出されたし）。しかし、キャラに与える影響でいえば「ヒロインは動物にも優しい」との無難な性格を補強するにとどまる。一方、昆虫はアニメ映画であれ、美少女ゲームであれ、作品中では脇役ないしは背景を務めるのが関の山だ[80]。セリフは中々与えられない。しかし、高慢ちき、内向的、腕白、天真爛漫、幼馴染など、ありとあらゆるヒロインの個性を輝かせることができる万能性を有する。たかが虫、されど虫。昆虫は自身がキャラクターになれなくても、いぶし銀の裏方として十二分に少女たちの魅力を輝かせるのである。

(4) 文化昆虫学的に極めて異質な存在の蝶

テントウムシをモチーフとしたグッズを集めているコレクターは世の中に意外といるようだ[81]。実際、筆者の知り合いにも一人いる。ただ、このような収集家の方を敵に回すようで畏れ多いが、テントウムシについては文化昆虫学的に考察できる点が乏しい。筆者がそう考えるのは、テントウムシは物語に影響を与えるメッセージ性を欠くからである。

普遍的なデフォルメである幼形刺激は可愛いといった感情反応を誘う刺激である。この刺激を生み出す形態的特徴とは、短い手足、大きい頭、まるっこい輪郭、大きな眼などであるというが[82]、テントウムシは正にこのうち「短い手足」「まるっこい輪郭」の 2 つを兼ね備えている。それ故、丸いフォルムが生かされた結果、テントウムシは誰しもが目にしたことがある各種文房具となって商品化されているのである。また、その可愛さ故に海外派兵反対の平和団体の新聞広告にもテントウムシが描かれるほどであるが[83]、実際のテントウムシの行動生態学的特徴としては共食いを厭わない凶悪

な肉食性甲虫であることはいうまでもない。

　ただ、単に丸っこくて可愛いだけでは、ストーリーやキャラ設定に影響を与えるメッセージにはなりにくい。文化昆虫学におけるテントウムシの役割は生態学的特徴を完全に放棄した単なるデザインといってしまっても過言ではない。力強さの象徴として各種戦闘マシーンのモチーフとなるカブトムシ[84]、過ぎ行く夏の代名詞、また儚い命の象徴として描かれるセミ類、同じく季節の移ろいや、幼い頃の虫捕りの思い出としてキャラクターたちの記憶に残るトンボ類[85]。これらの昆虫たちは様々な扱われ方をすることによって季節や戦い、キャラ設定などを浮かび上がらせ、ストーリーの進展を駆動させる存在だ。一方、特定の季節と結びつかず、単に丸いというだけのテントウムシは何らかの物語が要求される場面では中々必要とされないのである。

　蝶もまたテントウムシとは異なり強烈なメッセージ性を持つ。まずデザインとなった場合を見てみよう。確かに蝶も極端にデフォルメしてしまえば、あまり深い意味を持たない穏やかな看板デザインになりうる（第24図）。この点はテントウムシと同様だ。ただ、蝶が持つ生物形態学的な特徴をある程度残し、多少手加減したデフォルメに留まると、不気味な敵モンスターのモチーフともなれるのだ。蝶型モンスターはRPGにしばしば登場する（例えば、「魔界戦記ディスガイア」シリーズのモスマン（第25図））。更にリアルな蝶の形を徹底して維持したままモチーフとなると、蝶は見た者にケバい印象を与えるものらしい。個人的主観に過ぎないが、ケバさ漂う第26図は筆者には"ちょい悪ヘルメット"のように見えてしまう。これは美少女キャラの浴衣に描かれる蝶でも似たような傾向があり、簡略されたデザインの蝶がプリントされた浴衣を着こなすキャラ＝お淑やか、原型に忠実な蝶を着こなすキャラ＝高慢との分類ができそうである（第14図と第16図）。この点はテントウムシとは対照的である。テントウムシはデフォルメしようが現物を忠実に再現しようが大差がない形なので、デフォルメの有無による状況に応じた使い分けが非常に困難な虫なのである。

第24図　福井市内某所の会社看板

第25図　『モスマン』
（©Nippon Ichi Software, Inc.、「魔界戦記ディスガイア」シリーズより引用）

第26図　福井大学文京キャンパス内で見かけた学生所有のバイクのヘルメット（2013年10月1日筆者撮影）

　次に、文化昆虫学的観点で蝶とカブトムシ、セミ、鳴く虫などほかの昆虫類と比較すると、蝶にしか見いだせないいくつかの特徴があがってくる。蝶の持つ異質さといい切ってもよい。まず、髪飾りや浴衣も絵柄、アクセサリーなど美少女の衣装類のデザインになれること。これは美の化身の蝶ならではの本領であって、カブトムシやセミ、鳴く虫では中々真似できない芸当である。

　そして、3章で述べたように蝶は状況次第で正負、明暗、純真不潔の両方に使い分けられること。蝶が明るい昼間にお花畑を飛べばのどかな空間の体現化であるのに対して、夜に舞うと一気に不気味さ、陰惨さ、妖艶さの現れとなる。実例としては初音ミクのPV動画やPS4ゲーム『よるのないくに』であることは前述の通り。時間帯1つでここまでメッセージが逆転するのは蝶だけに見られる特徴だ。対照的にカブトムシやクワガタムシは昼に飛ぼうが夜に飛ぼうが力強い虫、子供たちの憧れの虫としての位置づけでしかない。

　また、昆虫の中でセックスアピールができるのも昆虫の中で蝶だけである。蝶はとことん女性の化

身であり、与えられている性別がはっきりしている。この点はオスだけが戦闘機のモチーフとなるクワガタやカブトムシと似通っている。一方、生物学的には鳴くのはオスだけなのに、文化昆虫学的には性別が殆ど問題とされないセミ類とは対照的だ。ホタルは求愛の昆虫の代名詞ともいえる存在ではあるが[86]、ホタル自身が作品中のヒロインの色気を増幅させることはできない。昆虫から動物全体に範囲を広げても、性愛の象徴とのポジションを持てる動物は蝶以外中々思い当たらないのである。強いていうならば猫及びその仲間の豹がそれに該当するか。妖艶系美女が猫を抱く、女豹が男を惑わすとのシチュエーションは諸作品中で珍しくないが[87]、ペットとして人間にべったりと引っ付く猫と背景的位置から性的意味を添える蝶は、何か根本的に違うような気がする。

さらに、数ある昆虫の中で、霊性を帯び冥界の国の使者となれるのも蝶だけである。古来、人々が蝶の劇的な完全変態に不気味さを覚えたことは前述した。かつて筆者は「死の国の妖（あやかし）が、生の国の住人を自らの地へ誘惑しようとする場合、美しい姿で相手の心を奪う必要がある。生の国の住人が死の国に誘導される場合、惑い、悩み、後ろを振り返り、時折足はすくむに違いない。それでも、死の国の使者はゆっくりと飛んで人を徐々に死の国へ導かなくてはならない。となると、トンボやハエのように直線的に素早く飛行する動物は使者としては不適だ。こう考えると『美しくてヒラヒラゆったりと飛ぶ』身近な動物といえばチョウだけである。チョウが冥界からの使い魔であるのは偶然ではなく必然である」と推量したことがある[88]。この考えは今も変わっていない。

一方、蝶がカブトムシやセミ、ホタル、鳴く虫、トンボに対して文化昆虫学的に決定的に劣る点は季節性とそこから派生する郷愁の欠如である。春の到来を告げる場面でキャラクターの背後のお花畑に蝶がひらひら飛ぶ、との描写は確かによく見るが、せいぜいその程度である。日本人の心の琴線に触れる夏。夏への懐旧。そして過ぎ行く夏への愛惜を表徴するのはカブトムシやセミ、トンボなどの役目であって、そこに蝶が割って入る余地はない。実際にはモンシロチョウやキアゲハの成虫は盛夏にも発生するわけだが、そんな生物学的事実はこの際関係ない。夏だけに出現する昆虫が人々の夏へのノスタルジーを醸成する、との文化昆虫学の大原則があるのだ[89]。

昆虫標本コレクションの対象としては昆虫マニアの間で抜群の人気を誇り、美しさとの点で他の昆虫類を圧倒する蝶。でも、文化昆虫学的にはどこか暗さが付きまとう。史伝作家の海音寺潮五郎はいう。「歴史上悪女とされる女は絶対に美貌である」と[90]。どうやら華麗なる蝶にもこの至言は当てはまりそうだ。蝶の美しさは花に例えるなら、純真無垢なヒマワリではなく刺のある薔薇なのである。

謝辞：伊丹市昆虫館のさなぎツリーの写真を提供していただいた、同館学芸員の長島聖大氏に厚く御礼申し上げる。

参考文献および註
(1) 例えば、奥本大三郎監修　1990『別冊歴史読本特別号　虫の日本史』新人物往来社、157頁や三橋　淳・小西正泰編　2014『文化昆虫学事始め』創森社、273頁など。
(2) 例えば、エリック・ローラン　1999「なぜ日本の女性は虫が嫌いか　文化人類学的視点から」『ヒトと動物の関係学会誌』4、88 - 93頁やDunn, R. R., 2000. Poetic entomology: Insects in Japanese haiku. American Entomologist, 46: 70 - 72 など。
(3) 保科英人　2017「古事記・日本書紀に見る日本人の昆虫観の再評価」『伊丹市昆虫館研究報告』(5)、1 - 10頁。
(4) 宮ノ下明大　2014「映画（特撮・アニメ・実写）に登場する昆虫」三橋　淳・小西正泰編『文化昆虫学事始め』創森社、241 - 271頁、同書273頁。
(5) 笠井昌昭　1997『虫と日本文化』大巧社、171頁。
(6) 今井　彰　1978『蝶の民俗学』築地書館、212頁。

(7) 例えば、石田昇三・石田勝義・小島圭三・杉村光俊　1988『日本産トンボ幼虫・成虫検索図説』東海大学出版会、140頁、Pl.72、Fig.105や井上　清・谷　幸三　2010『赤トンボのすべて』トンボ出版、183頁など。
(8) 前掲註3と同じ。
(9) 西條　勉　2011『「古事記」神話の謎を解く　かくされた裏面』中公新書、151頁。
(10) 前掲註3と同じ。
(11) 前掲註3と同じ。
(12) 保科英人　2016「近代海軍における日米両国の昆虫観の比較」『きべりはむし』39（1）、36-37頁。
(13) 小田部雄次　2006『華族　近代日本貴族の虚像と実像』中公新書、365頁。ただ、同書では仁禮景雄を男爵とするがこれは誤り。景雄は仁禮子爵家の生まれ。
　なお、小田部は旧松山藩主家の久松定成を華族昆虫学者の1人として数えている。しかし、故久松先生は筆者と直接面識があった世代の方で、昆虫学者として活躍されたのは戦後である。本稿では故久松先生は華族学者から除外した。
(14) 保科英人　2017「帝国議会における鳥類学者鷹司信輔」『日本海地域の自然と環境』(24)、101-115頁。
(15) 保科英人　2016「應用昆蟲學者中川久知先生小傳」『日本海地域の自然と環境』(23)、95-111頁。
(16) 保科英人　2015「蝶類學者仁禮景雄先生小傳」『日本海地域の自然と環境』(22)、111-131頁及び保科英人　2015「謎の蝶類学者仁禮景雄」『きべりはむし』38（1）、20-24頁。
(17) 筆者は土井久作については詳細な知識を有せず。大野正男　2017「点描・日本の昆虫学者（4）土井久作（上）」『昆虫と自然』52（10）、32-35頁及び大野正男　2017「点描・日本の昆虫学者（4）土井久作（下）」『昆虫と自然』52（13）、37-41頁を参照のこと。
　以下補足。華族＝爵位保持者ではない。爵位はその家の当主だけが持つ。そして当主および当主と同一戸籍の家族（配偶者や父母、子女など）が華族として遇された。つまり、中川久知は伯爵家に生まれたので元々華族であったが、分家した時点でその後は平民になったことになる。
(18) 保科英人　2016「帝国議会における元虫捕御用の田中芳男」『Biostory』25、92-100頁及び保科英人　2016「没後百年田中芳男先生年譜」『日本海地域の自然と環境』(23)、113-130頁。
(19) 筆者は高木正得については詳細な知識を有せず。高千穂宣麿については、保科英人　2015「博物學者高千穂宣麿先生小傳」『日本海地域の自然と環境』(22)、133-223頁及び保科英人　2016「若人に託した科學一等國の夢～昆蟲男爵高千穂宣麿の生涯」『きべりはむし』38（2）、38-47頁を参照のこと。
(20) 内藤一成　2008『貴族院』同成社、266頁。
(21) 例えば、男爵の高千穂宣麿と子爵家出身の仁禮景雄は決して研究資金を潤沢に使えていたわけではない（前掲註19（保科2015）及び前掲註16（保科2015「蝶類學者仁禮景雄先生小傳」）と同じ）。
(22) 保科英人　2017「名和昆蟲研究所側面史」『きべりはむし』39（2）、58-68頁。
(23) 保科英人　2011「絶滅危惧種ヤシャゲンゴロウの人工増殖について」『日本海地域の自然と環境』(18)、13-17頁。
(24) 保科英人・長谷川巌・廣田美沙・廣部まどか　2011「福井県におけるコウノトリ放鳥計画に関する一考察」『日本海地域の自然と環境』(18)、35-52頁。
(25) 保科英人　2016「新コウノトリ害鳥論」『自然保護』(553)、20-21頁。
(26) 保科英人　2016「地方新聞による世論形成から見た希少水生甲殻類保全事情」『さやばね』(23)、29-33頁。
(27) 保科英人　2016「福井県コウノトリ放鳥事業の再評価」『日本海地域の自然と環境』(23)、83-93頁。
(28) Small, E., 2011. The new Noah's Ark: beautiful and useful species only. Part 1. Biodiversity conservation issues and priorities. Biodiversity, 12: 232-247.
(29) グリフィスについては、保科英人　2014「アカトンボが登場するフィクション作品あれこれ」『Pterobosca』(19B)、72-73頁と保科英人　2014「お雇い外国人グリフィスが描いたお伽話の中の日本の甲虫たち」『さやばね』(13)、26-34頁を参照のこと。チェンバレンについては筆者は直接論文の対象としたことはないが、財團法人國際文化振興會編　1935『バジル・ホオル・チェンバレン先生追悼記念

録』財團法人國際文化振興會、125 頁で彼の略歴を知ることができる。
(30) グリフィス著・山下英一訳　1984『明治日本体験記』平凡社、343 頁。
(31) チェンバレン著・高梨健吉訳　1969『日本事物誌1』平凡社、362 頁。
(32) 杉山恵一・重松敏則編　2002『ビオトープの管理・活用―続自然環境復元の技術―』朝倉書店、221 頁。
(33) 川那部浩哉監修・八尋克郎編　2008『オサムシ　飛ぶことを忘れた虫の魅惑』八坂書房、222 頁。
(34) 例えば、青柳昌宏　1971「昆虫保護教育はいかにあるべきか　自然保護と昆虫保護教育論」『昆虫と自然』6 (8)、23 - 28 頁や金田　平　1973「採集教育から観察教育へ」『自然保護』(13)、4 - 5 頁、青柳昌宏 1975「自然保護教育の歴史と現状、今後の課題」『日本生物教育学会研究紀要』1975、1 - 32 頁など。
(35) 例えば、奥本大三郎・岡田朝雄　1991『楽しい昆虫採集』草思社、302 頁や福田晴男　2016「今なぜ昆虫好きを育てなくてはならないのか」『昆虫と自然』2016 年別冊、2 - 4 頁など。
(36) 保科英人　「明治百五拾年　近代日本ホタル売買・放虫史」(印刷中)
(37) 保科英人　2017「鳴く蟲の近代文化昆蟲學」『日本海地域の自然と環境』(24)、75 - 100 頁。
(38) 保科英人　2017「近現代文化蛍学」『さやばね』(26)、38 - 46 頁。
(39) 前掲註 36 と同じ。
(40) 石田暁子　2009「蝶蛾鱗粉転写標本　100 年前の翅のきらめき」『国立国会図書館月報』(580)、2 - 3 頁。
(41) 前掲註 22 と同じ。
(42) Hoshina, H., 2017. The prices of singing Orthoptera as pets in the Japanese modern monarchical period. Ethnoentomology, 1: 40 - 51.
(43) 斎藤和範　2016「巻貝放流によるホタルの餌付け問題」畠山武道監修・小島　望・高橋満彦編『野生動物の餌付け問題』地人書館、105 - 124 頁、同書 320 頁。
(44) 荒谷邦雄　2012「深刻化するペット昆虫の外来種問題」『昆虫と自然』47 (1)、1 - 3 頁。
(45) 丸山宗利　2010「小型昆虫の深度合成写真撮影法」『月刊むし』(473)、38 - 42 頁。
(46) 前掲註 37 と同じ。
(47) 保科英人・稲木大介・丹治真哉・廣田美沙　2010「アキバ系の文化甲虫学～序章～」『ねじればね』(128)、5 - 19 頁。
(48) 前掲註 3 と同じ。
(49) 前掲註 5 や金子浩昌・小西正泰・佐々木清光・千葉徳爾　1992『日本史のなかの動物事典』東京堂出版、266 頁など。
(50) 小西正己　1991『古代の虫まつり』学生社、211 頁。
(51) 前掲註 6 と同じ。
(52) 大川信子　2010「蝶の位相―多文化共生における価値を考える―」『常葉学園大学研究紀要（教育学部）』(30)、31 - 53 頁。
(53) 前掲註 6 と同じ。
(54) 遊磨正秀　2002「ホタルに関する俳句の時代変遷」『全国ホタル研究会誌』(50)：16 - 18 頁。
(55) 小西正泰　1992『虫の文化誌』朝日新聞社、275 頁や前掲註 42 など。
(56) 前掲註 36 と同じ。
(57) 日本チョウ類保全協会編　2012『日本のチョウ』誠文堂新光社、327 頁。
(58) 坪井暢子　2012「『堤中納言物語』「虫めづる姫君」」鈴木健一編『鳥獣虫魚の文学史　虫の巻』三弥井書店、79 - 97 頁、同書 372 頁。
(59) ルーシー・W・クラウセン著・小西正泰・小西正捷訳　1993『昆虫のフォークロア』博晶社、264 頁。
(60) 小野俊太郎　2007『モスラの精神史』講談社現代新書、283 頁。
(61) Adachi, R　1995「Transformations of butterfly figure：From a Greek myth of Psyche to M. butterfly (1)」『美作女子大学・美作女子短期大学部紀要』(40)、29 - 35 頁。
(62) フリードリヒ・シュナック著・岡田朝雄訳　1993『蝶の生活』岩波文庫、398 頁。
(63) 平賀英一郎　2000『吸血鬼伝承「生ける死体」の民俗学』中公新書、208 頁。

(64) 瀬川千秋　2016『中国　虫の奇聞録』大修館書店、226 頁。
(65) 佐藤至子　2009『妖術使いの物語』国書刊行会、337 頁。
(66) 河竹登志夫・郡司正勝・山本二郎・戸板康二・利倉幸一監修　1972『名作歌舞伎全集第 24 巻　舞踊劇集二』東京創元社、312 頁。
(67) 水沢謙一　1979『蝶になったたましい―昔話と遊魂信仰―』野島出版、329 頁。
(68) 前掲註 6 と同じ。
(69) 碓井益雄　1982『霊魂の博物誌　原始生命観の体系』河出書房新社、252 頁。
(70) 前掲註 55（小西 1992）と同じ。
(71) 須川亜紀子　2013『少女と魔法　ガールヒーローはいかに受容されたのか』NTT 出版、296 頁。
(72) 加納康嗣　2011『鳴く虫文化誌　虫聴き名所と虫売り』エッチエスケー、155 頁。
(73) 例えば、鈴木健一編　2012『鳥獣虫魚の文学史　虫の巻』三弥井書店、372 頁。
(74) Preston‐Mafham, K., 2004. World of Animals. Vol. 25. Insects and Other Invertebrates. Grolier, London.: 128.
(75) 辻　惟雄　1990「虫の絵・虫の文様」奥本大三郎監修『別冊歴史読本特別号　虫の日本史』新人物往来社、28‐33 頁、同書 157 頁。
(76) 小林章夫　1990『イギリス名宰相物語』講談社現代新書、220 頁。
(77) 例えば、稲垣栄洋・三上　修　2006『蝶々はなぜ菜の葉にとまるのか』草思社、232 頁。
(78) 保科英人　2013『アキバ系文化昆虫学』牧歌舎、426 頁。
(79) 「都会人冷淡説」は一応心理学で説明できる説であるという（渋谷昌三・小野寺敦子　2006『手にとるように心理学がわかる本』かんき出版、319 頁）。もっとも、同書は専門書ではなく心理学の読み物である。最新の心理学が「都会人冷淡説」を支持しているかどうかは筆者の知るところではない。
(80) 宮ノ下明大　2005「映画における昆虫の役割」『家屋害虫』27、23‐34 頁。
(81) 桜谷保之　2009「テントウムシグッズ」日本環境動物昆虫学会編『テントウムシの調べ方』文教出版、118‐121 頁、同書 148 頁。
(82) 雨宮俊彦　2002「マンガにおける人物のデフォルメ表現についての心理学的考察」『マンガ研究』(2)、5‐19 頁。
(83) 保科英人　2016「近年の世相に見る日本人のトンボ観」『Pterobosca』(21B)、50‐51 頁。
(84) Hoshina, H. & K. Takada, 2012. Cultural Coleopterology in Modern Japan: The Rhinoceros beetle in Akihabara Culture. American Entomologist, 58 (4): 202-207.
(85) 保科英人　2014「アキバ系文化蜻蛉学事始」『Pterobosca』(20A)、10‐12 頁。
(86) 前掲註 38 と同じ。
(87) あさぎり夕『ミッドナイト・パンサー』（学研プラス）はこの一例か。作品中では美女が豹に姿を変えて男を食らう。本作は成人指定を受けてはいないが際どい描写が多く、お子様にはあまり見せたくないコミックである。
(88) 前掲註 78 と同じ。
(89) 以下は補足である。本文中ではトンボがさも夏の虫の如く書いたが、もちろん昆虫学的には大いに問題がある。例えば、サナエトンボ科の成虫が活動するのは主に春から初夏にかけての時期である。
　　2003 年発売の PC ゲーム『夏少女』はタイトル通り夏を舞台とし、都市在住の青年と田舎の少女との間で紡がれる純愛ストーリーである。本作ではヒロインの 1 人芹沢明希と主人公の 2 人の出会いの切っ掛けとなるのがギンヤンマとなっている（前掲註 85）。
　　日本人なら名前ぐらいは誰しもが知るシオカラトンボやギンヤンマの成虫は生物学的には春から秋まで見られる。つまり、成虫発生時期の長さではシオカラトンボとモンシロチョウは似通っている。にも拘わらず、シオカラトンボとギンヤンマは諸作品中で夏への懐旧をもたらす虫であるのに対して、モンシロチョウやキアゲハは季節的情緒と絡めた描写が殆どなされない。両者の間に横たわるこの隔たりを生み出す要因は何なのか、そこはフシギとしかいいようがない。
(90) 海音寺潮五郎　1975「藤原薬子」『悪人列伝（一）』文春文庫、109‐158 頁、同書 330 頁。

Japanese Subcultural Lepidopterology, in the 150th Anniversary of Meiji Restoration

Hideto Hoshina

We often hear it said that Japanese people love insects in general. However, from the view point of the environmental conservation, public concern is directed at only some mammals and birds. Japanese people are suspected of loving insects as "toys". Of course, no matter how Japanese people love insects, their affinity for insects should be specially mentioned. In this general observations of cultural entomology, I focus on butterflies appearing in computer games and discuss Japanese affinity for butterflies.

論 文

スギ属・ヒノキ属空中花粉の 24時間観測の動態とその気象要因

An analysis of 24-hour observations of *Cryptomeria* and *Chamaecyparis* airborne pollen and associated weather factors.

木村　裕子　岡山理科大学理学部
HIROKO KIMURA

衣笠　魁　宮崎大学大学院教育学研究科
KAI KINUGASA

藤木　利之　岡山理科大学理学部
TOSHIYUKI FUJIKI

要 旨

春は暖かさを感じ、植物が新芽を出す時期であるが、一方で多くの日本国民が花粉症に悩まされる時期でもある。この時期には気象庁をはじめ、気象協会や新聞、メディアなどからも花粉飛散情報が配信され、患者の多くはそれらの情報を基にマスクや投薬などの予防対策を講じている。しかし、実際はどの時間帯にスギ属・ヒノキ属花粉が多く飛散して、より注意が必要な時間帯が存在するのかは不明である。そこで、1時間毎に飛散する花粉を24時間計測し、スギ属・ヒノキ属花粉がそれぞれどの時間帯に多く飛散し、またその気象要因が何であるかを探ることを目的とした。スギ属花粉は湿度に大きく影響されており、日中はスギ花粉が気温の上昇とともに岡山県北部から供給され、気温の低下とともに湿度が高くなると、それまで上空で浮遊していたスギ属花粉が自然落下しやすいと推測された。また、ヒノキ属花粉は飛散ピークの時期にはスギ属花粉と同様に県北部から供給され、上空で浮遊するのと同時に、随時自然落下もしていると推定された。特にスギ属花粉に対するアレルギーを持つ患者は花粉飛散情報に加え、湿度の変化に留意して予防対策をすれば、症状が軽減する可能性が示唆された。ヒノキ属花粉に対するアレルギーを持つ患者は時間帯に関係なく、予防対策が必要であることが示唆された。

キーワード

花粉症　スギ属花粉　ヒノキ属花粉　気温　湿度

1. はじめに

花粉が鼻や目などの粘膜に付着すると、粘膜にある肥満細胞からヒスタミンなどが放出され、花粉を体外に追い出すために鼻水やくしゃみなどの症状が出る（岡野, 2002）。このアレルギー症状が花粉症である。花粉症は1961年にブタクサ花粉症が日本で初めて報告され、その3年後の1964年にスギ花粉症が報告され、現在では約60種類以上の花粉症原因花粉が明らかにされている（三好, 2003）。スギ花粉症の報告から半世紀以上が経過し、近年では大人だけでなく、子どもの花粉症も増加傾向にある（増田, 2012）。朝目を覚ました瞬間から花粉症の症状が出たり、日中でも症状が重い時間帯もあれば、軽い時間帯もあったりで、日によっても症状は様々である。また、この時期には気象庁をはじめ、気象協会や新聞、メディアなどからも花粉飛散情報が配信され、患者の多くはそれらの情報を基

にマスクや投薬などの予防対策を講じている。しかし、その花粉飛散情報はその日の飛散の多さのみが配信されているだけで、実際はどの時間帯にスギ属・ヒノキ属花粉が多く飛散して、より注意が必要なのかは不明である。

そこで、2016年のスギ属花粉飛散終盤の時期からヒノキ属花粉飛散ピークの時期までの約1ヶ月間を対象として、その中から無作為に3日間を選び、1時間毎に飛散する花粉を24時間計測した。スギ属・ヒノキ属花粉がそれぞれどの時間帯に多く飛散し、またその気象要因が何であるかを探ることを目的とした。

2. 方法

(1) 観測地点

観測地点は、岡山市の岡山理科大学D2号館屋上（北緯34°41′49.95″、東経133°55′47.42″、標高29m）である。周辺は北西部に標高100～200mのダイミ山、半田山、烏山が連なっており、アカマツ林やコナラ林などが広がっている。この地域は全国平均よりも日照時間が長く、降水量の少ない地域であり、スギ属花粉・ヒノキ属花粉の主な花粉供給源は県北部とされている（難波ほか，1999）。

(2) 気象条件

岡山理科大学は県南部に位置することから、岡山地方気象台（岡山市北区桑田町）におけるAmeDAS気象データのうち、3月23～24、29～30日、4月6～7日の天気と一時間毎の気温、湿度、風速を用いた（気象庁）。

(3) 花粉捕集期間と観測方法

花粉の捕集には、ダーラム型花粉捕集器を使用し、①2016年3月23日6：00～24日5：00、②3月29日6：00～30日6：00、③4月6日6：00～7日6：00に行った。ワセリンを薄く塗ったスライドグラスを捕集器に設置し、1時間毎に自然落下した花粉をゲンチアナバイオレット・グリセリンゼリー液で染色・封入した後、18×18mm内の花粉数を計測して1cm²あたりの花粉数を求めた（佐橋ほか，1993、片岡，2003）。

3. 結果

観測した日の天候は以下の通りであった（第1表）。

(1) 3月23～24日（第1・4図）

スギ属花粉は9～12時まで徐々に増加し、13～16時には観測されなかった。17～23時に再び多くのスギ属花粉が観測され、翌日0～3時にはほとんど観測されなかった。翌日4～5時に再び、わずかであるがスギ属花粉が観測された。

ヒノキ属花粉は17時～翌日5時までわずかであるが、断続的に観測された。

(2) 3月29～30日（第2・5図）

スギ属花粉は断続的に観測され、18時～翌日2時まで増加傾向にあり、22時に6.5個/cm²と大きな値を記録した。

ヒノキ属花粉は20時～翌日の夜明け前まで連続で観測され、6時に急激に増加して6.8個/cm²と大きな値を記録した。

(3) 4月6～7日（第3・6図）

スギ属花粉は15～20時まで観測されなかったが、その他の時間帯では1.0個/cm²未満ではあるが、断続的に観測された。

ヒノキ属花粉は10～11時、19時、翌日の3時、6時以外の時間帯で観測された。6、7、13、15、17、21時にはヒノキ属花粉は1.5個/cm²の値を記録した。

第1表　観測日の天気、気温、降水量、湿度

	天気		平均気温 （℃）	降水量 （mm）	平均湿度 （％）
	6:00～18:00	18:00～6:00			
3月23～24日	薄曇後晴	一時曇	11.4	0.0	57
3月29～30日	薄　　曇	曇時々晴	11.1	0.0	61
4月 6～ 7日	薄　　曇	雨一時曇	14.8	10.5	59

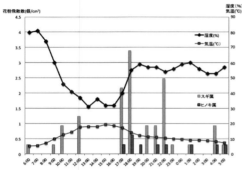

第1図　岡山理科大学における3月23～24日の
1時間毎の観測（花粉飛散数、湿度、気温）

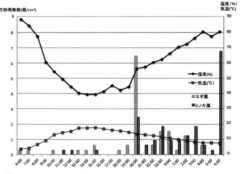

第2図　岡山理科大学における3月29～30日の
1時間毎の観測（花粉飛散数、湿度、気温）

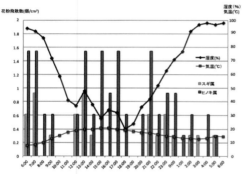

第3図　岡山理科大学における4月6～7日の
1時間毎の観測（花粉飛散数、湿度、気温）

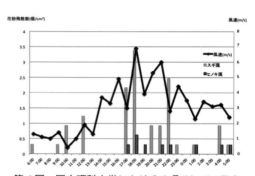

第4図　岡山理科大学における3月23～24日の
24時間観測（花粉飛散数、風速）

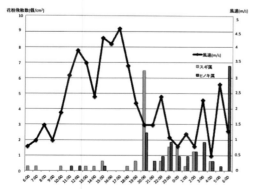

第5図　岡山理科大学における3月29～30日の
24時間観測（花粉飛散数、風速）

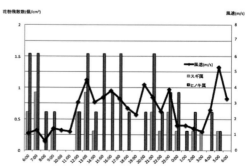

第6図　岡山理科大学における4月6～7日の
24時間観測（花粉飛散数、風速）

4. 考察

　スギ属花粉は3月23日17時から2時間、3月29日20時に急激に増加が認められ、この時間帯には気温が徐々に低下しており、日中低下していた湿度が高くなっている。スギ属花粉が3月23日に急激に増加する時間帯は、風速が変動しているものの強くなる傾向が認められる。スギ属花粉が3月29日に急激に増加する時間帯は、それまで強かった風速の低下が認められる。4月6日は気温が徐々に高くなり、それまで高かった湿度が低下するとともにスギ属花粉が観測されなくなり、再び湿度が高くなるとスギ属花粉が観測された。これまでに、スギ花粉は安定した層流領域において、遠くまで飛ばされることが分かっている（金谷, 1990）。これらのことから、スギ属花粉は湿度に大きく影響されており、日中気温の上昇とともに県北部からスギ属花粉が供給され、気温の低下とともに湿度が高くなると、それまで上空で浮遊していたスギ属花粉が自然落下しやすいと推測される。しかし、スギ属花粉の大量飛散日では昼間にも多く観測されている例もある（三好ほか, 1991）。したがって、スギ属花粉飛散の動態は飛散開始時期、ピークの時期の観測など複数の時期で観測を行い、再検討する必要があると考えられる。

　ヒノキ属花粉は3月23日17時から翌日5時まで断続的に観測され、3月29日20時〜翌日6時まで連続的に観測された。ヒノキ属花粉が飛散を始めるこの時期において、観測される時間帯は気温が徐々に低下しており、湿度が高くなっている。また、風速も日中に比べ、弱くなっていることが認められる。このことから、飛散開始時期にはヒノキ属花粉は気温が上昇する日中に県北部から主に供給され、日没後から翌日の日の出前にかけて自然落下することが考えられる。4月6〜7日は気温、降水量、湿度、風速に関係なく、ヒノキ属花粉がほぼ連続的に観測された。この観測結果は1990年4月3〜4日、1991年4月8〜9日に同じ場所で行われた結果と大きく矛盾しない（三好ほか, 1991）。したがって、ヒノキ属花粉は飛散ピークの時期にはスギ属花粉と同様に県北部から供給され、上空で浮遊するのと同時に、随時自然落下もしていると推定される。

　スギ・ヒノキ属花粉が多く飛散する時間帯と花粉症患者が症状の変化を自覚する時間帯が一致するかどうか、再検討する必要があるが、もし一致するならば、特にスギ属花粉に対するアレルギーを持つ患者は新聞やメディアなどからの花粉飛散情報に加え、湿度の変化に留意して予防対策をすれば、症状が軽減する可能性が示唆された。ヒノキ属花粉に対するアレルギーを持つ患者は時間帯に関係なく、予防対策が必要であるだろう。

　謝辞：稿を終えるにあたりプレパラート交換および花粉測定に協力を頂いた岡山理科大学理学部基礎理学科花粉研究室の2016年度4年生にお礼申し上げる。

参考文献および註

金谷和延　1990「スギ花粉の落下速度について」『備讃空中花粉研究会誌』創刊号、38-39頁。
片岡裕子　2003「付録」『岡山の花粉症』149-153頁。
気象庁　「気象観測（電子閲覧室）」『www.data.jma.jp/obd/stats/etrn/index.php』
増田佐和子　2012「花粉症の疫学 〜子どもの花粉症は増えているのか？〜」『チャイルドヘルス』15、4-7頁。
三好教夫　2003「一章　花粉症の歴史」『岡山の花粉症』8-16頁。
三好教夫・大村治基・藤木利之・堀部徹　1991「空中花粉24時間の動態」『備讃空中花粉研究会誌』2、6-10頁。
難波弘行・齋藤勝剛・佐橋紀男　1999「岡山県におけるスギ・ヒノキ科花粉の供給地域と飛散動態の推定」『アレルギー』48、1337-1347頁。
岡野光博　2002「花粉症の感作および発症メカニズム」『生物工学会誌』80、140-144頁。
佐橋紀男・岸川禮子・西間三哲・長野準　1993「日本における空中花粉測定および花粉情報の標準化に関する研究報告」『花粉誌』39、129-134頁。

An analysis of 24-hour observations of *Cryptomeria* and *Chamaecyparis* airborne pollen and associated weather factors.

Hiroko Kimura, Kai Kinugasa and Toshiyuki Fujiki

For some people in Japan, the arrival of leaves in spring is accompanied by hay fever. For this reason, the media, the Japan Meteorological Agency, and other weather services publish projected airborne pollen volumes; in response, many people in Japan wear masks in public as a preventative measure. However, it remains unclear when the release of *Cryptomeria* and *Chamaecyparis* airborne pollen reaches its peak. Therefore, we measured the airborne pollen concentration every hour over a 24-hour period, and examined the weather factors coinciding with peak airborne pollen concentrations for both genera. We found that *Cryptomeria* pollen was influenced by humidity such that more airborne pollen was supplied from the north of the prefecture when daytime temperatures increased. When humidity and temperature declined, *Cryptomeria* pollen floating aloft tended to fall naturally. Patients with allergies to pollen produced by it may be able to prevent symptoms if they monitor changes in humidity in addition to pollen shedding information. *Chamaecyparis* airborne pollen was also supplied from the north of the prefecture in a similar manner to *Cryptomeria* pollen and was dispersed. *Chamaecyparis* pollen floating aloft tended to fall naturally irrespective of humidity.

論 文

都良香「富士山記」について
On the *Fujisan no Ki* by Miyako no Yoshika

田代 一葉　静岡県富士山世界遺産センター
KAZUHA TASHIRO

要 旨

平安時代の官吏で漢学者の都良香(みやこのよしか)（834〜879）が記した「富士山記(ふじさんのき)」は、富士山の山頂について記した現存最古の文章とされている。
「富士山記」の内容については、富士山の大きさや広さ、山頂の詳細な環境を述べる自然科学的な部分と、仙人や天女が飛遊することや新山の出現を神の力とするなどの伝説的な記述とが共存する。史実や現在の火山史研究の成果とは異なる部分もあるが、それらも含めて霊山としての富士山の神秘性を強調するもので、そこに良香の意図した富士山像があったと考えられる。

キーワード

「富士山記」　都良香　『本朝文粋』　『海道記』　富士山頂

1. はじめに

富士山頂の様子を伝える現存最古の記述とされる文章に、都良香「富士山記」がある。

「富士山記」は、文学作品であるとともに、史料的な価値を合わせ持つとされ、現在でも、文学のみならず、火山史や自然史についての記述としても度々引用されるものである。

本稿では、「富士山記」の内容を検討した上で、この作品の成立した背景と後世の享受について考えることとしたい。

2.「富士山記」の内容の検討

「富士山記」は、平安時代の官吏で漢学者の都良香（834〜879）が記した、391字から成る富士山に関する漢文体の文章である（良香については後述する）。

「富士山記」の内容を検討していくにあたり、便宜的に、
　①富士山のある場所、高さ、裾野の広さ（「富士山者」〜「猶在山下」）
　②天から落ちてきた珠玉や、天女が山頂付近で並び舞うなどの伝説（「蓋神仙之所」〜「土人共見」）
　③山名の由来と山頂の様子（「古老伝云」〜「以白沙流下也」）
　④役行者の伝説と、山腹および裾野の様子（「相伝、昔有役居士」〜「蓋神造也」）
の4つの部分に分けて見ていきたい。

①では、まず「富士山は駿河国に在り」[1]と富士山の所在地を述べ、歴史書を全て見てもこの山より高いものは見当たらないと、この国一の高さであることを記している。

富士山の圧倒的な高さを、
　其の聳ゆる峰、欝(さかり)に起こり、見るに天際に在りて、海中を臨み瞰(み)る。
　（訳　富士山のそびえ立つ峰は、盛んに盛り上がって高く、見れば天のきわにあって、そこから海中を遥かに見下ろしている。）
と描写し、麓にあって見上げる視線と、頂上から海中までを見下ろす視線との二方向から、自在な筆致により比類ない高さを表現しようとしているのである。

また、ここを行く人は、裾野が広いため数日間歩いてもまだ麓を過ぎることができずにいることだと、距離の単位は用いていないが、富士山の広大な裾野についても言及する。
　漢文特有の誇張的な表現が含まれてもいるが、この部分では、富士山に関する概説的な情報を読者に与え、まずは高く大きな山であることを印象づけていると言えよう。
　続く②では、二つの伝説について、具体的な時期をも記して紹介する。
　一つ目は、承和年中（834～848）のこととして、峰から小さな穴が開いた珠玉が落ちてきたとし、これは仙簾（仙人の用いた玉簾のようなものを言うか）についていたものではないかと推測する。
　この記述について、白い落下物ということから、軽石を伴う噴火があったと見る説もあるが、小山真人「富士山の歴史噴火総覧」[2]によると、過去1万年の間に富士火山で軽石が噴出したのは、約2,900年前の砂沢スコリア噴火と宝永噴火（宝永4年〈1707〉）との2回が知られるのみで、「富士山記」の珠玉を軽石とみることには無理があるという。
　二つ目は、貞観17年（875）11月5日のこととして、役人と土地の者が古いしきたりに基づいた祭りを行っていると、昼頃に良く晴れた富士山の頂きに白い衣をまとった美女二人が現れ、峰の上空で舞を舞うところが目撃されたことである。
　これについては、富士山から立ち上る噴煙や笠雲を見誤ったものとの説もあるが、日々富士山を間近に仰ぎ見る土地の人々がそのような見間違いを犯すとは考えにくいのではないか。この事象が何をさすのかについて述べる用意はないが、詳細に年月日および時間帯まで記憶し、語り継いでいこうという姿勢からは、土地の人々にとっても特筆すべき奇異な出来事ととらえられていたのだと思われる。
　③では、「富士山記」の中で現在でも最も有名な、富士山の山名に関する
　　古老伝へて云ふ、山を富士と名づくるは、郡の名に取れるなり。
の一文が出てくる[3]。富士山の表記は「福慈」（『常陸国風土記』）、「不尽」（『万葉集』など）、「不二」のように複数存在するが、山があるのが「富士郡」であったことから郡名に基づいてこの名となったといい、一般的な表記としては「富士」が採用されるようになっていく。
　この山の神が浅間大神であるとの記述に続き、詳細な山頂の様子が語られる。
　山頂は中央がくぼんでいて、あたかも甑（こしき）（鉢形の穀物などを蒸す道具）のようだと説明した上で、以下の文章が続く。
　　甑の底に神しき池有り。（中略）其の甑の底を窺へば、湯の沸き騰（あが）る如し。其の遠きに在りて望めば、常に煙火を見る。
　　（訳　甑の底には、不思議な池がある。（中略）その底の様子を見てみると、湯が沸騰しているようである。それを遠くから見るとかまどの煙がいつも立っているように見える。）
　山頂から水蒸気が上がっている様をわかりやすい例を用いて詳細に描写し、山頂の不思議な現象を説明する。また、
　　山の腰より以下（しもつかた）、小松生ふ。腹より以上（かみつかた）、復（また）生ふる木無し。
　　（訳　山の腰に当たるところより下には、小松が生えている。山の腹より上には、木が生えていない。）
は、富士山を人の体に例え、富士山の植生の垂直分布について述べている。現在、標高2,400～2,500m付近、おおよそ富士山の五合目は森林限界と呼ばれる、高い樹木が育たず森林が成立できなくなる限界点[4]で、それより上には、地面を這うような形の、背の低い松（カラマツ）が生えている。この記が書かれたよりも後の、信仰登山の時代になると、五合目は天と地の境目であり、神聖な場所ととらえられるようになるが、「富士山記」も地上とは明らかに違う、異世界を端的に記していると言えよう。万年雪の記述もあり、神秘の山としての富士山の山頂について、余すところなく伝えている。

山頂に紺青の竹が生えているというような信憑性に欠ける記述もあるものの、概ね現在の富士山とその周辺の様子と比較しても大差ない、正確な情報が盛り込まれていると考えられる。
　また、富士山が登山者を拒む山であったことについての記述もある。

　　白沙、山を成せり。其の攀ぢ登る者、腹の下に止まりて、上に達することを得ず。白沙の流れ下るを以ちてなり。

　　（訳　白い砂が山を形成していて、よじ登る者は、山の腹の下から上に行くことができない。白い砂が流れ落ちるからである。）

　この記述について、小泉武栄は「登山史のなかの富士山」[5]において、火山砂礫に覆われたザラザラの斜面のため、中腹以上は登れなかったことが読み取れるとする。噴煙を上げている時だけではなく、このような理由からも富士山は人間を寄せつけない山として存在していたことがわかるのである。
　④では、そのような人を阻む山に、登頂を果たした人物が出たことが語られる。

　　相伝ふ、昔役の居士といふもの有りて、其の頂に登ることを得たりと。

　　（訳　受け継ぎ伝えられてきたことには、昔、役の居士という人がいて、富士山の頂上に登ることに成功した。）

「役の居士」は、役行者の名が一般的な、生没年不詳の人物。7～8世紀頃、大和の葛城山にいたとされる呪術師で、修験道の開祖とされ、流刑により伊豆の島に昼間は滞在し、夜は富士山に来て修行をした（『日本霊異記』等）など、富士山にまつわる伝説も多い。
　さらに、役行者が登頂して以降も、登山者は山腹に額をつけるようにして困難の中で登ったことや、中腹より下に存在する大きな泉のこと、常に水量の変わらない大河のことなどについても語られる[6]。
　この記の末尾では、東麓にある、地元で「新山」と呼ばれている山について、

　　延暦二十一年三月に、雲霧晦冥、十日にして後に山を成せりと。

と記し、延暦21年（802）に十日あまりで新山ができたというトピックを紹介している。
　この新山について、現在の富士山東斜面にある「小富士」であるとする説もあるが、火山史研究では「小富士」は旧期側火山と考えられていて、このときの噴火によるものではないという[7]。
　そして「富士山記」の最後は、「蓋し神の造れるならむ」と締めくくられるのであるが、この一文は、新山登場の驚異についてのものであり、かつ、「富士山記」全体をまとめる、富士山に対する畏敬の念を表した言葉であるとも言えよう。
　さて、ここまで述べてきた「富士山記」の内容と、火山史の研究による富士山の噴火の時期について、簡略に時系列にまとめた表を掲出する（表1）。
　この表により歴史資料での噴火の記録と「富士山記」の記述を比較してみると、年月日まで細かく記す「富士山記」の記事と、現在の火山史研究で噴火活動と認められている時期や事象と一致するものはほぼないことが確認できる。延暦21年の「富士山記」の記述は、延暦19年から21年の噴火に関わりそうであるが、前述のように、現在のところこの「新山」が延暦21年に出現したとは考えられない。
　さらに気になる点としては、貞観6年（864）の大噴火についての記事が一切ないことが挙げられる。「富士山記」の記述の下限は貞観17年であり、その4年後の元慶3年（879）に作者都良香は没しているので、この記は、貞観17年以降元慶3年までの間に成立したと言える[8]。良香が生存中にあった大噴火であり、「富士山記」の成立時期とも時間的な近さがありながら、この貞観噴火について語られていないのは、なぜなのであろうか。それは良香の「富士山記」の執筆態度が関わっていると考えられる。
　中條順子は、「富士山記」が中国の六朝時代（3～6世紀）に流行した「山水記」を踏まえて記されて

表1 「富士山記」の記述と富士山噴火

和暦	西暦	項目	事柄
（昔）	7世紀末	富士山記	役行者がこの山に登った。
天応元年7月6日	781年	噴火	富士山が噴火して降灰があった。【『続日本紀』】
延暦19〜21年	800〜802年	噴火	19年3月から4月まで1ヶ月あまり噴火が続いた。21年には噴火により砂礫が降った。【『日本紀略』】
延暦21年3月	802年	富士山記	雲霧がたちこめ、10日後に富士山の東側に新山ができた。
承和年中	834〜848年	富士山記	山の峰より小さな穴の開いた珠玉が落ちてきた。
貞観6〜8年頃	864〜866年頃	噴火	貞観噴火【『日本三代実録』など】
貞観17年11月5日昼	875年	富士山記	山頂の上空で並び舞う白衣の美女2人が目撃された。
元慶3年	879年	その他	都良香、没。
平安時代後期	1066年以前	その他	藤原明衡（989‐1066年）編『本朝文粋』成立。「富士山記」が収録される。

いることを指摘する[9]。六朝の山水記は、「山水の地理的位置、地名のいわれ」「名所旧蹟、これにまつわる伝説」「自然描写」が一般的内容であるが、「富士山記」はそれらを全て含み、文体、構文、表現面でも類似の性格を持つのみならず、「双方の作者達の背景に老荘、神仙思想や山水愛好が共通して存在いいる」ことを挙げられている。良香が老荘・神仙思想に傾倒していたことは、『本朝文粋』所収の「神仙策」や『都氏文集』に収録された彼の文学作品にも現れているという。

これまで見てきたように、「富士山記」には神仙に関わる記述が多い。良香の「富士山記」執筆の主眼として、山水記の形式に則って神仙の山、霊場としての富士山を描くことが第一にあったため、貞観噴火のような歴史的には大きな出来事であっても、作品の世界観には直接関わらないものは記されることはなかったのである。反対に民間の俗説巷談は、神仙に関する情報源として有益であるため、積極的に取り入れられていると言え、ここに取捨選択の基準があったと考えられる。

「富士山記」は、技巧や装飾を凝らした典麗な漢文ではなく、平明で簡潔な文体であり、用語や表現が的確であることから、現代の感覚では、当時の富士山の状況や客観的な事実を述べた文章として、歴史書や地誌のように扱われていると思われる。それゆえ土地の伝承についても、それらも含めて史実として無批判に火山活動の史料としてしまったり、反対に夾雑物のように盛り込まれているかのように考えてしまうのではないか。しかし、史実を記すことに主眼があるのでなく、文学作品として「神仙の山」としての富士山を描き、霊山としての富士山の神秘性を強調することに良香の意図はあったと認識すべきであろう。具体的な山頂の様子も巷説も、ともに神仙の山としての富士山を描写する上で等価のものであったのである。

3. 作者の都良香と収載書『本朝文粋』について

「富士山記」の作者、都良香はいかなる人物であったのであろうか。

良香に関しては、優れた漢学者・漢詩人であったとされる一方で、後世の説話集などには超人的な記述が目立つといった特異な面も合わせ持つ。ここでは、その両面について押さえておきたい。

都良香は、承和元年（834）に主計頭貞継の子として生まれ、名は言道、後に良香と改めた。若くして大学に入り、貞観2年（860）に文章生となり、同11年に対策に及第。翌年に少内記、同14年に掌

渤海客使、同15年に従五位下大内記となり『日本文徳天皇実録』（以下、『文徳実録』と略す）の編纂を命ぜられた(10)。同17年に文章博士、同18年に越前権介を兼ね侍従となる。元慶3年（879）、『文徳実録』の完成を目前にして46歳で没した。家集に『都氏文集』全6巻があるが、現存は3巻。天性の詩人とされ、その秀句は人口に膾炙した。真言密教を学ぶとともに、念仏にも励んでいたと言われている。

では、伝説上の良香はどのように語られているのであろうか。

大江匡房（長久2年〈1041〉生、天永2年〈1111〉没）の撰とされる『本朝神仙伝』（成立年未詳）には、神仙の一人として良香の項が立てられていて、「常に山水を好みて、兼て仙法を行ふ」と評されている。良香の逸話の中でも神仙的なものとして、『和漢朗詠集』にも収載される「気霽れては風新柳の髪を梳る」の句が朱雀門の鬼を感嘆させたこと（『撰集抄』では鬼が下の句を付けたことになっており、『十訓抄』では、それを道真に話したところ下の句は鬼の句だと言い当てられたとある）や、菅原道真に対して自らを越えて加階があったことを怒り、官を辞して仙人の修行をし、百年あまり後にも元の姿と変わらなかったことなどが記されている。

『本朝神仙伝』以外の書に記された説話としては、竹生島で「三千世界眼前に尽く」と詠んだところ、弁財天が「十二因縁心の裏に空し」と付けたこと（『江談抄』『袋草紙』等）などがあり、漢詩文に関わる伝説がほとんどで、人並み外れた文才を持っていたことや、鬼や神が心を動かしたり唱和したりするような詩句を詠んだこと、菅原道真とのライバル関係について語られる。

現代になって書かれた文章の中には、良香本人が実際に富士山に登り、目にしたことを書き留めたのが「富士山記」であるように記すものも見られるが、それは考えにくい。

ただし、上述のような良香の伝説を知っていた近代以前の知識人たちにとって、山頂世界に関する不思議で神秘的な「富士山記」の記述は、神仙的なイメージを濃厚にまとった都良香像と相俟って享受されるという一面もあったのだろうと想像されるのである。

さて、次章で後世の享受について考えるにあたり、「富士山記」が収録された『本朝文粋』についても、ここで簡単に述べておきたい。

藤原明衡編『本朝文粋』は、平安時代後期に成立した漢詩文集で、弘仁から長元年間（810〜1037）までの、およそ200年に作られた詩文427篇が収められている。作者は天皇をはじめ、国司や文人、学者など68名を数える。

本書編集の目的としては、文章を作成する際の参考書としての意味合いを持ち、後世への影響としては、後続の文章作成書の規範となったほか、収録された作品が数多くの文学作品に引用されるなど、多大なものがある。

このような、知識人必読の書である『本朝文粋』に収録されたことにより、「富士山記」は、富士山を知らない都の人々にとって、第一級の富士山資料として理解され、その後も長く命脈を保つこととなったのである。

4. 後世への影響

富士山から遠く隔たった地にあり、実見するなどの経験を持たない畿内に暮らす人たちにとって、「富士山記」は、『万葉集』の山部赤人や高橋虫麻呂の長歌、『伊勢物語』第九段「東下り」の記述と並んで、富士山に関する知識を得るための重要なものであった。富士山の様子が具体的にそして委細に語られる一方で、神仙世界を思わせる幻想的な記述も含む「富士山記」は、人々に富士山という未知の山に対する強固なイメージを植え付けたと考えられる。

では、それは後世の文学作品の中にどのように表れているのだろうか。まず、中世に盛んに記された紀行文をいくつか見ていこう。

貞応2年（1223）以降に成立したと考えられる『海道記』（作者未詳）[11]は、4月4日に京都を発ち、東海道を経て鎌倉に赴き滞在した後、帰京するまでの模様を描く紀行文である。富士山についても多く筆を割いていて、「富士山記」に依拠していると考えられる記述も複数見られる。
　『海道記』4月14日条の浮島が原を過ぎて富士山を見た時の記述と、「富士山記」を比較してみると、
　　登る者は還りて下る。長き事は麓に日を経たり。（『海道記』）
は、「富士山記」の「其の攀ぢ登る者、腹の下に止まりて、上に達ることを得ず」「行旅の人、数日を経歴して、乃ち其の下を過ぐ」をそれぞれ受けており、
　　温泉頂に沸して、細煙幽かに立ち、（『海道記』）
は、「其の甑の底を窺へば、湯の沸き騰るが如し。其の遠きに在りて望めば、常に煙火を見る」に拠っている。
　　冷池腹にたたへて、洪流川をなす。（『海道記』）
は、「大きなる泉有り、腹の下より出づ。遂に大河を成せり。其の流れ寒暑水旱にも、盈縮有ること無し」に基づいている。
　このような山頂の様子に関わるもののみならず、引用は省略するが、仙女がこの峰に遊んだこと、東麓にある新山は延暦年中に神が降って作ったものという部分も「富士山記」から得た知識を記している。そのほか、竹取物語説話や周辺の複数の歌枕、西行の和歌を本歌取りした自詠歌など、多くの先行する文学をちりばめつつ記述がなされていて、書物を博捜した富士山に対する知識が披露されていると言える。
　仁治3年（1242）頃に成立したとされる作者未詳の『東関紀行』には、田子の浦から富士山を見た記述の後に、「富士山記」の白衣の美女が並び舞う記事が引かれ、「いかなる故かとおぼつかなし」と疑問を呈している。また、弘安3年（1280）の飛鳥井雅有の仮名日記『春の深山路』は、神が天降って山を作ったという「富士山記」の記述を示した上で、この山を「あしが峰ともいふ、又裾山ともいふとぞ土人は申し侍る」と、土地の者からの聞き書きがある。
　『海道記』と、その後に著された『東関紀行』『春の深山路』の「富士山記」に対する扱い方を比較してみると、『海道記』では「富士山記」の名を出さず、無批判に多くの引用をしているのに対して、後の二書は引用元を明記した上で、『東関紀行』は疑問を呈し、『春の深山路』は自らが見聞した新たな情報を付与するなど客観的にとらえているようである。
　中世期に盛んに記された東海道を往還する紀行文であるが、「富士山記」を直接的に引用するものは多くは見られない[12]。
　文学の中では、富士山に関する自然科学的な具体的な記述よりも、神仙世界や天人に関する記述に関心が集まり、享受されていく面が大きいようで、白衣の美女二人が富士山頂で舞を舞ったという伝承は能「羽衣」に題材を提供するなど、より鮮やかなイメージが付与される形で伝説に膨らみがもたらされていく。
　近世期に入り、富士講などの人々によって富士登山（登拝）が盛んに行われるようになり、良香の時代とは比較にならないほど富士山に関する知識が広まっていくが、その中にあっても「富士山記」は特有の権威を持って受け入れられていたようである。以下、数例を見てみたい。
　近世初期の儒学者・林羅山（天正11年〈1583〉生、明暦3年〈1657〉没）の『丙辰紀行』（元和2年〈1616〉成立）には、富士山が古くから国内外に知られる山であったことについて「赤人が歌は万葉にのせ、都良香が記は文粋に見えたり」と記す。大曾根章介氏は、元政、安東仕学斎、龍草廬、秋山玉山の例を挙げ、近世期の学者詩人に「富士山記」が愛されていたと指摘していて[13]、漢詩文の中での享受がまず確認される。有名な石川丈山（天正11年〈1583〉生、寛文12年〈1672〉没）の漢詩「富士山」の起句「仙客来遊雲外嶺（仙客来たり遊ぶ　雲外の嶺）」も「富士山記」の「蓋し神仙の遊萃する所ならむ」を踏

百科事典や地誌の中にも「富士山記」の引用は見られる。江戸時代中期の大坂の医師・寺島良安（生没年未詳）による我が国初の図入り百科事典『和漢三才図会』（正徳2年〈1712〉成立。全105巻）の山類に立項された「富士山」では、「富士山記」の冒頭（「富士山は駿河国に在り〜蓋し神仙の遊萃するところ也」）がそのまま引用され、富士山の高さや大きさの説明となっている。「富士山記」の成立から約800年の歳月を経ているが、これを越えるような富士山に関する適切な文章は書かれていないということなのであろう。

　江戸時代後期の儒者で甲斐国（現在の山梨県）出身の大森快庵（寛政9年〈1797〉生、嘉永2年〈1849〉没）が著した『甲斐叢記』（嘉永元年〈1848〉成立）は、富士山が甲斐・駿河二国にまたがるものであることを解説する冒頭で、「都良香『富士山記』にも、皆駿河国と記せるは、山の表の向きたる方にて言ふなるべし」とし、国史や「富士山記」が富士山の所在国を駿河国とするのは正しくないと主張している。

　また、考証の際の材料としても使われており、日本の民俗学者の先駆け的存在である山中共古（嘉永3年〈1850〉生、昭和3年〈1928〉没）の『共古随筆』では、富士登山の行者の白衣に、富士山の上を二人の天人が舞う図を押すことについて、「富士山記」に記された白衣の美女を描いたものであって、仏教の天女ではないことを説明する。

　「富士山記」の享受についてみてみると、富士山に関する古文献であるという権威だけでなく、有益な資料の提供源として、また、伝説の典拠として、長く支持される文学であったことがうかがえるのである。

5. まとめ

　以上、都良香の著した「富士山記」について考察を行ってきた。

　「富士山記」の内容については、詳細な山頂の様子や植生の垂直分布について述べる自然科学的な部分と、仙人や天女に関する伝説的な記述とが共存し、歴史資料や現在の火山史研究と比較してみると、年月をも詳しく記す「富士山記」の記述とは差異が生じている。

　都良香は、漢学者として六国史の一つ『文徳実録』の編纂にあたった有能な実務官であった一方で、様々な説話の残る仙人のような超人的な人物でもあった。いわゆる歴史書に準ずるような堅実な内容で「富士山記」をまとめることも可能な立場であったと思われるが、実際に富士山の山頂に立った者しか知り得ないような具体的で客観的な山頂の様子と、地元に伝わる伝説をない交ぜにし、霊山としての神秘性を強調する内容としたところに、良香が書きたかった富士山像があったのではないか。

　「富士山記」は、後に平安時代中期に成立した漢詩文集である『本朝文粋』という知識人必読の書に収録されたことにより、富士山を知らない都の人々にとっての第一級の富士山資料として理解され、長く命脈を保つこととなった。具体的な富士山や山頂の様子が委細に語られる一方で、神仙世界を思わせる幻想的な記述もあり、人々に富士山という未知の山に対する強固なイメージを植え付けたと考えられる。

　後世の文学の中でも、「富士山記」は富士山に関する古文献という権威のみならず、愛着をもって支持される作品であったこともうかがえた。

　近世期になると、実際に富士山の頂上に至った人々による文学作品も出てくるようになる。その中で「富士山記」の記述はどのように意識されているのかについては、今後検討していきたいと考えている。

参考文献および註

(1) 原文は漢文。本文および書き下し文は、『懐風藻　文華秀麗集　本朝文粋』(『日本古典文学大系』69、岩波書店、1964 年) によった。本文の解釈については、柿村重松『本朝文粋註釈』(冨山房、1975 年) も参考にした。

(2) 小山真人「富士山の歴史噴火総覧」(『富士火山』山梨県環境科学研究所、2007 年)。

(3) 「古老伝へて云ふ」が、文章の前後どちらに掛かるかについては議論があるが、中條順子「都良香作『富士山記』について―中国六朝文学との関連から―」(『古代文化』第 33 巻第 8 号、1981 年 8 月) の説が適切と思われるため、それに従った。

(4) 場所により気候条件が異なるため、森林限界の標高に違いがある。

(5) 青弓社編集部編『富士山と日本人』青弓社、2002 年。

(6) この泉、川については未詳。

(7) 前掲註 2 小山論文と同じ。

(8) 山岸徳平氏は『群書解題』第 2 巻 (続群書類従完成会、1976 年) において、おそらく陽成天皇の元慶元年 (877) 頃ではないかとしている。

(9) 前掲註 3 中條論文と同じ。

(10) 『文徳実録』が歴史書でありながら巷説を取り入れていることについては、大曾根章介「学者と伝承巷説―都良香を中心にして―」(『文学・語学』第 52 号、1969 年 6 月) に詳しい。

(11) 本文は、『中世日記紀行集』(新編日本古典文学全集 48、小学館、1994 年) による。

(12) 『中世日記紀行集』(新編日本古典文学全集 48、小学館、1994 年)、『中世日記紀行文学全評釈集成』第 6、7 巻 (勉誠出版、2004 年) 収載書を中心とした調査による。

(13) 前掲註 10 大曾根論文の注 4 による。

On the *Fujisan no Ki* by Miyako no Yoshika

Kazuha Tashiro

The *Fujisan no ki* 富士山記 by Miyako no Yoshika 都良香 (834-879), a Heian-period government official and scholar of Chinese learning, is considered to be the oldest extant work dealing with the summit of Mount Fuji. In content, the *Fujisan no ki* contains both passages that deal with natural science, describing in detail the natural environment of the summit, and passages with legendary elements, describing immortals and celestial maidens who fly through the air and attributing the emergence of the "new mountain" to divine power. While it includes parts that are at variance with historical facts and the findings of current research on the history of the volcano, the *Fujisan no ki* emphasizes the mystical character of Mount Fuji as a sacred mountain, and it may be supposed that therein lay the image of Mount Fuji that Yoshika wished to present.

◉編集後記

　2018年3月末に開館2周年を迎えるふじのくに地球環境史ミュージアムと2017年12月末に開館した富士山世界遺産センターは連携し、両機関が連携して本誌「環境考古学と富士山」を刊行し、また国際シンポジウムを開催しています。ミュージアムの研究員は自然科学系、遺産センターの研究員は人文科学系から構成されていますが、その両輪で進んでいくことが重要だろうと考えています。

　地下資源にエネルギーを依存し、自然から収奪を行う形で成立してきた文明が転換期を迎えていることは間違いありません。新しい豊かさのかたちを模索し、新たな文明の方向性を提示することが重要な課題となっています。新しい豊かさや文明の提示は、単一の学問領域だけで対応できる課題ではありません。静岡県のミュージアムと世界遺産センターからは、新しい挑戦的な課題に向けた、学問領域の垣根に囚われない発信を続けて行きたく思います。

　本号では特集として、ミュージアムの研究員が筆を執った他、岡山理科大学の藤木利之先生の研究グループ、福井大学の保科英人先生から玉稿を賜りました。次号以降も富士山のように裾野が広く、頂上の高い研究を目指して、「環境考古学と富士山」を発刊していきたと考えています。本号に原稿を御寄せ頂いた皆様、編集・出版に関わっていただきました、すべての方々に厚くお礼を申し上げます。〔岸〕

Environmental Archaeology and Mt.Fuji

環境考古学と富士山 ②

2018年3月24日　初版発行　《検印省略》

| 編　者 | 岸本年郎（ふじのくに地球環境史ミュージアム）・田代一葉（静岡県富士山世界遺産センター） |

ⓒ Shizuoka Prefecture 2018

発行者　宮田哲男
発行所　株式会社　雄山閣
　　　　〒102-0071　東京都千代田区富士見2-6-9
　　　　TEL 03-3262-3231　FAX 03-3262-6938
　　　　振替 00130-5-1685
　　　　http://www.yuzankaku.co.jp
　　　　info@yuzankaku.co.jp
印刷・製本　株式会社ティーケー出版印刷

Printed in Japan 2018
N.D.C. 210 88p 26cm
ISBN978-4-639-02562-7　C0321